CONTRASTE DA AMÉRICA: ANTOLOGIA DE POESIA BRASILEIRA

ORGANIZAÇÃO
Djami Sezostre

CONTRASTE DA AMÉRICA: ANTOLOGIA DE POESIA BRASILEIRA

1ª EDIÇÃO
SÃO PAULO | 2022

Assim, de repente, *Contraste da América: Antologia de Poesia Brasileira*, um livro com 41 poetas vivos, latinos de língua portuguesa, a miscigenagem em estado de utopia. Se o Brasil vive a gênese de um Macunaíma, o herói sem nenhum caráter, eis a América em português. Portanto, Zut! A poesia como mandrágora para que os mundos vibrem com a nossa língua brasileira – afinal, qualquer língua vai além do seu léxico – e o nosso latim em metamorfose.

Antes pesquisei e organizei antologias publicadas no Brasil, a exemplo de *o achamento de Portugal* e *Portuguesia: Minas entre os povos da mesma língua, antropologia de uma poética*, distribuídas, a partir da América, aos países de língua portuguesa, Europa, África, Ásia, sempre em busca de espaço para a reflexão entre poetas e poéticas, língua e linguagem, e tudo que expande a geografia da poíesis.

Contraste da América: Antologia de Poesia Brasileira, antes mesmo de ser um livro, é uma constelação de diferenças, a começar pelos nomes, esses bardos – como é bonita a palavra *bardo*! e como ninguém mais quer falar *bardo* – talvez, como a criança que pergunta o que é a relva, se inspirem na própria vida para escrever aquilo que se perde enquanto se escreve.

A palavra "inspiração", especialmente, no Brasil, depois da ascensão das vanguardas, virou a queda no abismo. Mas viva a liberdade e sua alquimia. Contemplem o arco-íris, escrevam as suas cores, caso consigam. Eu, contudo, penso que a arte nasce da natureza, naturalmente, feito água, por exemplo. Assim, é preciso viver com o coração para, então, revelar através do corpo o espírito da poesia.

Sim, eu acredito que é preciso ler *Contraste da América: Antologia de Poesia Brasileira* como quem não quer ler, mas, lentamente, ler como quem deseja, ardentemente, encontrar a estrela da esperança. Afinal, a estrela que cintila em Taurus é a mesma que cintila na minha infância, onde meu pai me ensinou não apenas a ver estrelas, mas a imaginar a Via Láctea para dormir.

Portanto, mais que entender as letras, vamos imaginar esses poetas e seus poemas, como se *Contraste da América: Antologia de Poesia Brasileira* fosse escrito por todos nós, árvores de um livro eivado de pássaros.

Hoje, aqui na América do Sul, enquanto o Brasil se dissolve entre a realidade e a esperança, gente como eles, um mantra – Ademir Demarchi, Aidenor Aires, Anelito de Oliveira, Antonio Miranda, Bianka de Andrade Silva, Bruna Kalil Othero, Camila Ribeiro, Celso de Alencar, Claudio Willer, Cristiane Grando, Daniel Osiecki, Demetrios Galvão, Diego Vinhas, Edson Cruz, Eduardo Lacerda, Felipe Teodoro, Floriano Martins, Francesco Napoli, Gabriel Kolyniak, Geruza Zelnys, Helena Soares, Jairo Pereira, Júlia Vita, Lou Albergaria, Lucas Guimaraens, Lucas Viriato, Lúcio Autran, Luiz de Aquino, Luiz Edmundo Alves, Marcelo Ariel, Marco Aurélio de Souza, Micheliny Verunschk, Miguel Jubé, Reynaldo Bessa, Salomão Sousa, Seraphim Pietroforte, Tarso de Melo, Vanderley Mendonça, Vera Casa Nova, Vinícius Lima, Waldo Motta – escreve poesia, um beijo ao vento.

– Poetas, mirem o Sol!

Djami Sezostre

SUMÁRIO

Ademir Demarchi..16
    Gênesis..17
    A evolução da pedra..18
    Apocalipse now..19

Aidenor Aires...20
    Via Viator - I Estação - 2...21
    3...22
    6...23

Anelito de Oliveira..24
    A cerca - 1..25
    2...26
    3...27

Antonio Miranda...28
    A fruta..29
    Metapoema..30
    Antepasto..31

Bianka de Andrade Silva...32
    A partida...33
    Sons de sinos...34
    Belver...35

Bruna Kalil Othero..36
    Vênus I...37
    Infantaria...38
    Sonhei que eu comia-me a mim................................39

Camila Ribeiro..40
    I...41
    II..42
    III...43

Celso de Alencar..44
    A longa caminhada..45
    Colheita...46
    Epitáfio..47

Claudio Willer...48
    Diário inacabado...49
    Mensagens, 1: Enquanto releio Allen Ginsberg.................................50
    A verdadeira história do século xx..51

Cristiane Grando..52
    Os amores de Edgar Allan Poe..53
    Pensas..54
    Canção para te acalentar..55

Daniel Osiecki..56
    Poema 1...57
    Poema 3...58
    Poema 10...59

Demetrios Galvão..60
    Travessia..61
    Eternidade...62
    Agricultura celeste..63

Diego Vinhas..64
    Soap opera..65
    Procissão...66
    Vaudeville...67

Edson Cruz...68
    Bibliotecas...69
    Zoom..70
    Banzo...71

Eduardo Lacerda...72
   A última ceia...73
   Coruja..74
   A dentadas..75

Felipe Teodoro...76
   3..77
   5..78
   7..79

Floriano Martins...80
   Cinco mulheres - Por aqui passou Eva Fay.........................81
   Enquanto Francesca Woodman saltava................................82
   Enquanto lia uma fotografia de Olia Pishchanska.............83

Francesco Napoli..84
   Animanimal..85
   Cogito ergo sum..86
   Via Láctea..87

Gabriel Kolyniak..88
   Maré na paisagem pedregosa - 1..89
   2..90
   3..91

Geruza Zelnys...92
   Se do meu púbis nascessem asas & outros poemas..........93
   Folheio teus cabelos, no contratempo do vento.................94
   Carta a M...95

Helena Soares..96
   Sobre o olhar..97
   Todo dia..98
   Seguindo...99

Jairo Pereira..100
   Dos deuses nathivos...101
   Metempsiquê...102
   O rapsodo do nada...103

Júlia Vita..104
    A real profanação do sexo.............................105
    Ao advento da desconstrução........................106
    Uma alga viva..107

Lou Albergaria...108
    Bagagem...109
    Há alguém aí?..110
    Fotossíntese...111

Lucas Guimaraens..112
    Canto geral...113
    Que?..114
    I – das asas..115

Lucas Viriato..116
    A ascensorista..117
    Homens do deserto..118
    Pequenos afluentes do Rio Ganges................119

Lúcio Autran...120
    Tempo...121
    Réquiem...122
    Epitáfio...123

Luiz de Aquino...124
    Eu te sei e sinto...125
    E já era primavera...126
    É setembro, é de mim...................................127

Luiz Edmundo Alves..128
    Filhos intangíveis...129
    Esqueça-me..130
    Sonho..131

Marcelo Ariel..132
    Blake in love..133
    Como ser um negro.......................................134
    E eis que somos o transe da Terra................135

Marco Aurélio de Souza..136
   My dear friend Djami..137
   Na beira do Rio Negro...139
   Nos olhos de minha mãe..140

Micheliny Verunschk..142
   Se a tua língua...143
   Pergunte do fluxo dos dias..144
   A manhã seguinte à execução de Marielle Franco......145

Miguel Jubé...146
   Mínima elegia..147
   Crônica...149

Reynaldo Bessa..152
   Meu pai nasceu morto..153
   A cada manhã..154
   Casa pequena, vazia...155

Salomão Sousa...156
   Temor de viver só numa fotografia...........................157
   Biografia das experiências úteis................................158
   Mal me movo e já preparo a próxima refeição.........159

Seraphim Pietroforte..160
   Sumir em seus cabelos...161
   Todo dia a mesma tarde...162
   Musas amiúde..163

Tarso de Melo..164
   Ar livre..165
   Hoje..166
   Raiz e minério...167

Vanderley Mendonça...168
   1 - Mar de outubro azul..169
   2 - A vida avisa...170
   3 - O fogo branco azul da íris...................................172

Vera Casa Nova...174
   Epígrafe..175
   Caminho...176
   Trato de viajante...177

Vinícius Lima..178
   Heráclito Machine (1)..179
   (2)..180
   (3)..181

Waldo Motta...182
   Mar de tanto sangue e fel..183
   Pegação sagrada..184
   Rumo ao paraíso...185

O organizador..186

Ao Sol

Safiras no tiziu...

Djami Sezostre

ADEMIR DEMARCHI

Nasceu em Maringá, Paraná, em 1960 e vive em Santos, São Paulo. É editor da revista de poesia Babel e publicou os livros de poemas *Os mortos na sala de jantar* (Realejo, 2007), *Pirão de sereia* (Realejo, 2012), *O amor é lindo* (Patuá, 2016), *Louvores Gozosos* (Olaria Cartonera, 2020); os livros de ensaios *Siri na lata* (Realejo, 2015), *Espantalhos* (Nave, 2017), *Contrapoéticas* (Nave, 2020) e *In fuck we trust* (Urutau, 2020), entre outros.

GÊNESIS

o senhor fez brotar de tudo
disse douto coma livremente
a mulher que deus me deu
deu-me e comi inteiramente
antropófagos de chupar tutano
ela a mim duplamente

A EVOLUÇÃO DA PEDRA

sem escrita e sem história os índios brasileiros
estavam pouco mais que na era da pedra polida
enquanto nós estávamos na era da pedra lapidada

APOCALIPSE NOW

esta terra que começou aportuguesada e batizada
como terra de santa cruz prova que dará em nada
nem os crentes a salvam elegendo por deus o diabo
o deus preterido fará chover sobre eles dementes
enxofre em torrentes por crerem no ímpio nababo
para o seu rabo virão benesses de brasas ardentes
virão incandescentes fogos do céu para sua veneta
a terra será fendida abrindo-se sedutora uma buceta
de chamas devoradoras como advento e redenção
em benefício da sua fé ignara e cega por destruição

AIDENOR AIRES

Nasceu em Riachão das Neves, Bahia, em 1946. Vive em Goiânia, Goiás, desde 1956, onde fez os estudos primários, secundários e universitários. É formado em Letras Vernáculas e Direito pela Universidade Católica de Goiás. Publicou várias obras e recebeu premiações como as láureas Prêmio Bienal Nestlé de Literatura Brasileira, Bolsa de Publicações Hugo de Carvalho Ramos, Prêmio Nacional de Poesia Caixego (Caixa Econômica de Goiás).

VIA VIATOR

I ESTAÇÃO

2.

Uma parte do meu sangue
entrou pela noite
no céu de Araguapaz.
Ali desci para colher a flor dos campos,
ali desci para saudar o cão azul
doente da memória.
Ali saudei as ervas da terra,
as raízes na comunhão das criaturas silenciosas.
Foi em Araguapaz
que eu vi a morte.
Oh, ias morrer um pouco
em mim, gota de sangue.
Ias morrer, luz de estrela.
Ias morrer, garça despetalada
do céu de abril.

Por ali passou o seu amor,
filhas de Araguapaz.
Por ali passou o meu poema
a caminho do Araguaia.

Por ali passou, rebanhos alvejantes,
meu sonho pescador de piracemas.
Ias morrer, em mim,
gota de sangue.
Ias ficar no chão vermelho
de Araguapaz,
criança cultivada no meu peito,
asa de juriti,
rosa tombada.

3.

Este poema, flor da carne desprezada,
andou comigo pela estrada que dá em Araguapaz.
Andou comigo como um irmão furtivo, sombra a meu lado.
Andou como uma ferida no meu flanco, insígnia
no meu corpo, gravada.
Andou como um duende na noite da insônia,
derramou meu vinho, destruiu meu pão,
fez-se magro alimento de substância noturna,
fez-se território de frio e solidão.
Corpo de mulher, cama de pedras,
este poema, suspenso cacho de uvas.
Vingando a estação do estio
anunciando a floração e as chuvas.

6.

Ali parou,
e condenado à morte.
A flor de cambraia do bureré
tremeu no orvalho.
As velhas raízes se entrelaçaram
como iguanas elétricas
e os cardumes invisíveis
incharam os rios da pele.

Pesar de vê-lo cair,
pesar de vê-lo pendido, cabeça derreada
para o leito dos sáurios.

Este era o amor
em sua feição de morte.

Esta era a casa,
este era o porto
onde cresciam mastros de adeuses,
lenços de sangue,
e a árvore zacum punha seus frutos
para os fundos mananciais
de eterna sede.

ANELITO DE OLIVEIRA

Nasceu em Bocaiúva, Minas Gerais, em 1970. É graduado em Letras e mestre em Literatura Brasileira pela UFMG. É doutor em Literatura Brasileira pela Universidade de São Paulo e pós-doutorado em Teoria Literária pela Unicamp. Criou as editoras Orobó Edições e Inmensa, das quais é diretor editorial, e é professor na Universidade Estadual de Montes Claros. É autor de *Lama* (Orobó, 2000), *Três festas/a love song as monk* (Anome Livros, 2004), *Transtorno* (Orobó, 2012), *Mais que o fogo* (Orobó, 2012), *A ocorrência* (Orobó, 2012), *A aurora das dobras* (Inmensa, 2013), *Traços* (Patuá, 2018) e *O iludido* (Páginas, 2018). Criou e editou o jornal Não (1994/95) e a revista Orobó (1997/98). Editou o Suplemento Literário de Minas Gerais (1999/2003) e organizou o livro *Fenda: 16 poetas vivos* (Orobó, 2002).

A CERCA

1.

Apegado à tua ausência,
sinto a amargura do mundo
a me envolver, o que é o
mundo novamente, a chuva
a espancar o que há em
mim – memória, possível
sonho, ternura, o mais
frágil, esse mais frágil
que sempre está ameaçado
de não ser em face da
obrigação de ser, agora,
apagado em tua ausência,
tenho, outra vez, o escuro
do sentido, o sentido de
estar só comigo no mundo,
sem a premência do desejo,
silenciado, quase morto,
na solidão do pensamento

2.

Não é possível estar, nem
é possível deixar, tampouco,
ser, tudo é impossível neste
instante, e tudo, todavia,
prossegue vibrante como um
sopro, ainda que sôfrego,
do pássaro invisível que
habita o que somos quando
começamos a ser, a ânsia
incontrolável de ascender
para além do previsível
limite – ascendemos, e o
chão, abaixo, e o céu, mais
além, nada são quando se
é, porque ser é um estado
de não ser para isso ou
para aquilo, é ser para
tudo, uma integralidade,
de que este desassossego
antigo, esse mal-estar
atemporal, esse desastre
cotidiano, é um atestado

3.

Às vezes, tenho a sensação
de contração do meu rosto,
um esgarçamento, uma
deformação – seria um
derrame, um derrama-
mento do que era, ainda
é – fico a sentir pensando
na dor, na dor não, no
que já não mais fosse
apenas uma dor, uma coisa,
naquilo em que, à força,
transformei-me, de súbito,
caído no chão, quebrado,
bem diante da memória
do que fui, derramado
agora, com o rosto
danificado, no rosto
é no que penso, no lugar
da sensação, na ideia
de lugar onde se dá, e
está se dando, algo como
uma erosão em mim
mesmo, talvez seja isso

ANTONIO MIRANDA

Nasceu em Bacabal, Maranhão, em 1940. Membro da Associação Nacional de Escritores, foi colaborador de revistas e suplementos literários como o Suplemento Dominical do Jornal do Brasil e também o La Nación (Buenos Aires, Argentina) e Imagen (Caracas, Venezuela). Professor e ex-coordenador do Programa de Pós-Graduação em Ciência da Informação do Departamento de Ciência da Informação e Documentação da Universidade de Brasília, Brasil, ministra aulas e cursos por todo o Brasil e países ibero-americanos. Aposentado, é professor colaborador sênior e orientador de teses e pesquisas. Também é consultor em planejamento e arquitetura de Bibliotecas e Centros de Documentação. Organizador e primeiro Diretor da Biblioteca Nacional de Brasília, de fev./2007 a out./2011 e de fev./2015 a maio/2017. Doutor em Ciência da Comunicação pela Universidade de São Paulo. É editor do site http://www.antoniomiranda.com.br/

A FRUTA

É a fruta madura
intumescente,
ejaculando
iridescente,
disseminando.

Fruta cortada,
ferida,
exalando provocações
irrecusáveis.

A fruta no prato,
o corpo na cama,
é o pranto que acalma,
é a natureza natimorta
que exorta
e clama.

Fruta colhida,
tolhida,
prostrada,
possuída,
aguardando a consumação.

É a fruta na mão.

METAPOEMA

Tudo, tudo mesmo
já se disse em poesia
mas vale dizer de novo.

Não se banha no mesmo
rio duas vezes, não se
lê o mesmo poema.

E me descubro em verso
que já havia esquecido
— eu, ido e revivido.

Escreve-se sempre o
mesmo poema, que vai
desta página até nunca.

Este verso e o outro
que é sempre o mesmo
e o outro, lugar algum.

O mesmo poema é muitos.

ANTEPASTO

Tudo o que o Poeta escreve
está resumido
numa única palavra: Solidão.

Escrever é distanciar-se do mundo
para poder entendê-lo
é uma forma de morrer.

Viver é outra coisa
ainda que alienada.

Eu trocaria mil rimas
por uma noite de amor.

E trocaria um belo poema
sobre a fome
por um singelo prato de comida.

BIANKA DE ANDRADE SILVA

É licenciada em Letras pela Fale-UFMG e mestre e doutoranda em Estudos Literários pelo Pós-Lit Fale-UFMG. É gerente educacional. Foi professora da Rede Municipal de Belo Horizonte e do Centro Federal de Educação Tecnológica de Minas Gerais/CEFET-MG. Organizou o livro *Vox Lusus* (Viva Voz, 2016), com artigos sobre poesia lusófona contemporânea africana e brasileira, e é autora do livro de poesia *Excrementos* (Apenas Livros/Portugal, 2014).

A PARTIDA

Ora Circe,
ora Penélope.

Penélope, mas Circe.
Circe, portanto Penélope.

Mais Circe que Penélope.
Tão Penélope quanto Circe.

Penélope quando Circe.
Circe, embora Penélope.

Circe ou Penélope.
Penélope e Circe.

Nem Penélope,
nem Circe.

SONS DE SINOS

Sinos silvam e anunciam
a Páscoa.
    Sinos sibilam e ressuscitam
    o Senhor.
        Sinos assoviam e salvam
        o Fausto.

Sinos soam e pressagiam
sentimentos.
    Sinos sopram e sugerem
    reminiscências.
        Sinos ressoam e inspiram
        sorrisos.

Sinos perseveram...
    Sensações insistem...
        Satisfações persistem...

BELVER

Os pulmões arquejam sem ofegar, Arquejam, e são intermitentes, e são rápidos, e são ininterruptos, Seu pulsar é desconforto, seu cessar é pânico, Seu ritmo, sôfrego, Seu descompasso, lúgubre, Por favor, pulmões, parem, mas, por favor, não parem, Mantenham-se vivos, mantenham-me vivo, Inflem-se e distendam-se, Inflem-se, inflem-se, inflem-se, mas não explodam, Distendam-se, distendam-se, distendam-se, mas não murchem, Inflem-se e distendam-se, Perfurem a vida até o fundo do abismo, Levem-na à última gota, às bordas do ar e da asfixia, E, então, digam-me, pulmões, digam-me, O que há lá? O que há lá?

BRUNA KALIL OTHERO

Nasceu em Belo Horizonte, Minas Gerais, em 1995. É autora de *Poétiquase* (Letramento, 2015) e *Anticorpo* (Letramento, 2017). Pela UFMG, é formada em Letras e mestranda em Literatura Brasileira. Publicou textos em veículos como O Estado de Minas, Cândido – Jornal da Biblioteca Pública do Paraná –, Germina, entre outros. Em 2017, venceu o Prêmio Personalidade do Ano pela Academia Mineira de Belas Artes.

VÊNUS I

mostrei aos meninos
o quadro da vênus de botticelli
e perguntei
"o que é isso"

"uma mulher pelada"
responderam
"e gostosa"

"não
estúpidos
é só"
eu disse
"uma imagem"

INFANTARIA

espartilho
eu tiro tudo
ceroula
eu tiro tudo
cinto de castidade
eu tiro tudo
cinto na cintura
eu tiro tudo
segunda pele
eu tiro tudo
shortinho por debaixo do vestido
eu tiro tudo
salto alto
eu tiro tudo
calcinha
eu tiro tudo
soutien
eu tiro tudo

liberta dos grilhões
eu tiro tudo

e vou pra guerra
nua

SONHEI QUE EU COMIA-ME A MIM

e foi estranho ainda que
excitante acordei
molhada
recém-saída de um orgasmo
sonâmbulo

eu tinha um pau
rígido enorme
digno de fotografia

a amante ao lado
pegou o meu pau
e o enfiou
dentro de mim

over and over and over

aí gozei
feminina

e após acordar
ainda de pau duro ainda molhada
me masturbei
embebida no vermelho

narciso gosta mesmo
é do espelho

CAMILA RIBEIRO

Nasceu em Teresópolis, Rio de Janeiro, em 1987. Licenciou-se em Cinema em 2010, na capital fluminense. Não exerce diretamente o ofício do curso que escolheu, mas o Expressionismo alemão continua a espiar como uma lua de caça. Reside atualmente em Lisboa, onde trabalha o veganismo pelo viés da serventia.

I

Despertar pela imagem celestial de um cão no nevoeiro,
com penas de sangue na boca,
a olhar fixo como se o seu ataque,
mais rápido do que a percepção dele,
ainda o fizesse buscar o alvo.

No mesmo terreno,
a criança entreabre os dedos,
dosa a queda dos grãos do tempo,
não quer crescer depressa,
prefere que as galinhas biquem seus sapatos.

II

Nem tudo o que fere
finda ao nascer do sol.

Às vezes é preciso que o sol renasça,
uma e outra vez perante a perda,
até se tornar uma compensação.

III

Acordo inocente,
purificada pela lobotomia.

Sou o frescor do éter que esteriliza o erro.

O erro inexiste
se existe apaziguamento.

É isso o que procuro, o apaziguamento, não o perdão.

CELSO DE ALENCAR

Nasceu em Belém do Pará em 1949 e está radicado em São Paulo desde 1972. É autor de *Salve salve* (1981), *Arco vermelho* (1983, 1985 e 1992), *Os reis de Abaeté* (1985), *O pastor* (1994), *O primeiro inferno e outros poemas* (1994 e 2001), *Sete* (2002, com 25 xilogravuras de Valdir Rocha), *A outra metade do coração* (2002, CD), *Testamentos* (2003), *Poemas perversos* (2011), *O coração dos outros* (2014), *Desnudo* (2018).

A LONGA CAMINHADA

Hoje os dias são longos
assim os nossos passos.

E diante do palácio do governo
está o homem da grande
cabeça colorida gritando
pobres, pobres, desta vila
de casas de palha,
acompanhem-me nesta
jornada diária de nuvens
de chuva e frio.
Vamos juntos ao mar
buscar os peixes e os moluscos
que chegaram no início da manhã.
Alimentemo-nos, alimentemo-nos.
A morte tarda.
Os dias são longos.
E a vida.

COLHEITA

Colha-me logo.
Colha-me neste pôr do sol.
Em breve virá a noite
e eu serei levado para
as pequenas montanhas.

Colha-me, pois
sou um pano leve
que voa entre os pássaros
de longas asas coloridas
sem tempo e sem retorno.

Colha-me e prove-me
enquanto há clarões vermelhos
se estendendo nas varandas das casas
enquanto suas mãos
possam me alcançar.

EPITÁFIO

Aqui jaz um passarinho.
Foi encontrado morto na rua
e velado sobre o tubo de ferro
que ornamenta a entrada deste prédio.

Seu corpo ainda estava quente
quando foi colocado sobre este
jardim de poeira marrom.

Morreu distante da família
assim como morrem os loucos
internados e abandonados
nos manicômios de Minas Gerais.

Certamente ainda hoje
os funcionários da limpeza
o levarão para o lixo.
Então essas palavras serão
apenas palavras de morte.

CLAUDIO WILLER

Nasceu em São Paulo, capital, em 1940. É poeta, ensaísta e tradutor, ligado ao Surrealismo e à geração Beat. É autor de *A verdadeira história do século 20* (Córrego, 2016); *Os rebeldes: geração Beat e anarquismo místico* (L&PM, 2014); *Manifestos: 1964-2010*, (Azougue, 2013); *Um obscuro encanto: gnose, gnosticismo e poesia moderna* (Civilização Brasileira, 2010); *Geração Beat* (L&PM, 2009); *Estranhas experiências* (Lamparina, 2004). Traduziu Lautréamont, Allen Ginsberg, Jack Kerouac e Antonin Artaud. É doutor em Letras pela USP, onde fez pós-doutorado.

DIÁRIO INACABADO

Às vezes nem fui eu o fotógrafo
daquele mundo que se abria em praias ao pôr do sol, oceanos à
[contraluz,
uma natureza de braços abertos
(eu vi todos os rostos do mar)
(o que me dizia o perfil de árvores diante da água?)
fotografia, obra do acaso – sempre – a verdadeira fotografia
[quando o belo é terrível
e as fotos nos atraem
por sua tristeza
os registros do que foi – do que fomos? – nunca mais
[poderei olhá-las sem um nó na garganta ou, se for falar, com a
[voz embargada
fotos que são notas da solidão, isso sim
o tempo – poderia ser em 1930
no país parado no tempo
(o tempo sempre é outro, sempre é um outro
sempre é assim)
e meu vínculo é com a palavra – só

MENSAGENS, 1: ENQUANTO RELEIO ALLEN GINSBERG

porque o mundo é mágico
        eu escrevo instalado em um canto tranquilo da cidade
                onde servem café
e sei-me parceiro das leis secretas que regem o real
        você enxerga / eu enxergo   à frente / atrás
            o que foi e o que será
poesia é isto: saber olhar
            atentamente, distraidamente
e contar
        tudo o que ninguém precisa saber

A VERDADEIRA HISTÓRIA DO SÉCULO XX

contemplação: estrela no fundo do mar
você: véu de gaze azulada roçando, suave apelo
furacão: róseo
perfeição: parábola de perfumes
lâmina: a mente alucinada
gruta: você e os arcanos da natureza
gelo: explosão de relâmpagos
essa solidez, essa presença: capim ao vento
rápidos, passando à frente – lavanda
e também sombra de árvore
montanha inteiramente nossa
intimidade sorridente no calor da tarde
Iris, o nome da flor, o seio ao sol

- quanta coisa que você fez que eu visse

gnose do redemoinho, foi o que soubemos
o acaso nos transportava e podíamos ir a qualquer lugar
(que vontade de grafitar as paredes do quarto)

CRISTIANE GRANDO

Nasceu em Cerquilho, São Paulo, em 1974. É poeta e tradutora, tem 16 livros de poesia em português, francês, espanhol, inglês, catalão e guarani. Laureada Unesco–Aschberg de Literatura 2002. É doutora em Literatura pela USP e fez pós-doutorado em Tradução Literária na Unicamp. É docente na Universidade Federal da Integração Latino-Americana (UNILA) e é diretora-fundadora do Jardim das Artes e do Centro Cultural Brasil-República Dominicana, extensão cultural da Embaixada do Brasil em São Domingos.

OS AMORES DE EDGAR ALLAN POE

Valéry amava Mallarmé que amava Baudelaire
que amava Allan Poe que amava Virginia
a dos cabelos negros como o corvo

Valéry morreu depois de ter projetado o *Anjo*
sua última inspiração poética
Mallarmé ainda procurava *O Livro* essencial
quando encontrou a Morte
Baudelaire sofreu uma longa agonia
antes de morrer e ser enterrado
no cemitério de Montparnasse em Paris
e Allan Poe casou-se com Virginia
que morreu aos 25 anos

pensas
que sou feita
de carne, ossos, sangue?

não

sou vento, chuva, fogo, nada

CANÇÃO PARA TE ACALENTAR

é tempo de chuva

os deuses dão vida
a todos os lugares da Terra

e sentimos saudade

quantos tesouros habitam os abraços e os corpos!

vejo agora
aromas, fotos e meus primeiros fios brancos no espelho

de que mais poderia te falar?

do tempo

DANIEL OSIECKI

Nasceu em Curitiba, Paraná, em 1983. É poeta e editor, mestre em Teoria Literária. É autor de *Abismo* (2009), *Sob o signo da noite* (Penalux, 2016), *fellis* (Penalux, 2018), *Morre como em um vórtice de sombra* (Kotter, 2019) e *Trilogia amarga* (2019). Apresenta o programa Viva Literatura no canal Kotter TV (YouTube). É coordenador do sarau-coletivo Vespeiro: vozes literárias.

POEMA 1

assim como vós
penso em
refutar
quaisquer
que
sejam
quaisquer que sejam
as histórias do cárcere
histórias do
cárcere
os carcereiros gritam
com as mãos nos olhos
rogam aos céus
para um deus inclemente
com ouvidos moucos
não cessam seu rogo ao paraíso eterno
repleto de jardins verdes
e de virgens
lúcidas
entregue-se conforme seu desejo, anjo incréu
cuspa nessa cruz que carrega
apenas quando
cai o véu
liberte-se como
almejas
vejas
o que quer que sejas
no fim do
dia
abstrato.

POEMA 3

espera os reflexos que vêm da tormenta.
ela atormenta e tira o sono.
sois vós?
somos nós.
eles sabem que o que fica,
que tudo aquilo
que dá na estica,
cada cigarro e
cada verso sofrido pelos quais o poeta labuta,
somem em uma nuvem
pela noite de inverno.
é por isso, e por nenhum outro motivo,
que choramos.

POEMA 10

corpo no corpo
corpo a corpo
mãos abertas
em chagas fechadas.
olhos atentos pela noite de prenúncio
prevemos onde nossos corpos acabarão.
procurando lugar seguro pelos desvãos destas marcas abertas.
marcas abertas que nos levam
para lugares que não podemos ver.
encontramos um vão entre as frinchas de basquiat nesse muro
ancestral.
esse muro ancestral que separa e devora nossos corpos.
somos devorados por nossos próprios corpos
que se abrem à noite
de mistério
à noite vã que sai dos becos
das bocas
da brasa que
dilacera corpos em desejos que prenunciam tudo o que podemos
encontrar pelo caminho.
perdidos no caminho
caminho, caminho, caminho...

DEMETRIOS GALVÃO

Nasceu e vive na cidade de Teresina, Piauí. Poeta, professor e historiador, é autor dos livros de poemas *Fractais semióticos* (Fundac, 2005), *Insólito* (Corsário, 2011), *Bifurcações* (Patuá, 2014), *O avesso da lâmpada* (Moinhos, 2017) e *Reabitar* (Moinhos, 2019) e do objeto poético *Capsular* (2015). Tem poemas publicados em diversas antologias e revistas literárias. Atualmente é coeditor da revista Acrobata, em atividade desde 2013 (https://revistaacrobata.com.br/).

TRAVESSIA

saltar do visível para o invisível
pela palavra
travessia que avança
sobre a mortalidade
e prolonga a finitude

nesse espaço
deitar sobre a vida e a morte
plantar o coração
e esperar que germine
entre as mãos da terra

– ficar vazio do mundo
encontrar o silêncio primeiro.

ETERNIDADE

cruzo duas noites
no ventre das mãos

os relâmpagos cintilam
fé pagã e abolições
repito uma prece 80 vezes
dentro do silêncio magnético

cruzo o que posso
na aldeia do pensamento

vozes que vêm de longe
no verso do tempo
sussurrar vertigens
de um evangelho cósmico

cruzo algumas vidas
no terreiro de ossos

– a eternidade
é um sonho insuportável.

AGRICULTURA CELESTE

o agricultor, com sua língua,
    acaricia as flores
    fecunda os frutos
    (auroras, navegações, filamentos)

as grandes plantações tropicais e suas colheitas:
    o levantar das sementes
    a edificação das sombras
    o design do destino

com os olhos cingidos
    as capitanias crescem,
    enraizando no adubo das mortes
    os excessos da estação.

DIEGO VINHAS

Nasceu em Fortaleza, Ceará, em 1980. É defensor público e autor dos livros de poemas Primeiro as coisas morrem (2004), *Nenhum nome onde morar* (2014) e *Corvos contra a noite* (2020), todos pela editora 7Letras. Participou de antologias do Brasil, dos EUA e de Portugal, além de ter publicado em diversas revistas, como Inimigo Rumor, Cult, Sibila, Escamandro, Modo de Usar & Co., Gueto, entre outras.

SOAP OPERA

o menino K., no playground, olha o inseto próximo
e sua órbita ébria na parede, a mesma onde

o operário K. ganhou, antes, uma pequena cicatriz
hoje adotada como marca de nascença

ainda no encargo de erguer pedras para a firma K.
em breve interditada após vistoria de rotina

do órgão K., sob as ordens do auditor K., cuja
autoridade não inclui negociar sanções sem

a prévia anuência expressa do diretor K., que
chegou onde está com atitude positiva e muitos

degraus feitos com as almas de muitos
colaboradores Ks, mas "perseguir sonhos é

um direito de todos", compôs o publicitário K.
atado em fantasias cujo único tema era estar

longe dali, talvez o clichê de uma ilha, sob
uma constelação que por ironia se chamasse

K., ou apenas uma caminhada sem testemunhas
além de granizo e paredes, uma das quais

abriga no verso o menino que já cerca com
os dedos o inseto, e que lembrará desta hora

quando o Estado K (aqui os bárbaros nunca che-
garão) no futuro repetir com o então adulto

K o que ao invertebrado a mão infantil ensina,
em um único ato: o comando de esmagar.

PROCISSÃO

mas ela não fez o sinal da cruz
ao atravessar a rua nem
habilitou o coração para a parábola
cifrada do amor de Deus nas
entranhas de qualquer desgraça mas
ela deixou o jantar frio como
o hálito dele ou um estetoscópio ou
a fivela do cinto
mas ela deveria entender que
o touro investe contra o rubro por
instinto e um pedaço de carne
descoberto será sempre o superlativo
do vermelho mas ela leu
no jornal que ela teria gostado
e perguntaram *seu telefone estava no modo
silencioso quando sua irmã ligou?
porque, na página 53, eu gostaria de
frisar que você disse que ele estava
configurado para tocar. você bebia na
faculdade? você estava vestindo um cardigã?
qual era a cor do seu cardigã? você
se lembra de mais alguma coisa daquela noite?
não?* mas ela estava lá fora e era
madrugada e isso é um silogismo
mas seu corpo (todos eles) de novo
como território do colonizador
mas ela sabe pelo menos que
nunca em momento algum
ela nunca disse

sim

VAUDEVILLE

justamente por não fazer diferença, fique aqui.
o meu lado é um lugar tão danificado quanto
qualquer outro, que brinca, cai e se encarde
como qualquer outro lugar, é uma pantomina
que se queria desajuste e leveza, à moda
daquele poema em que as partes do corpo
de Teresa tinham idades diversas entre si.
devo me fantasiar de vendedor de seguros
em Praga, anos 00 de outro século. ou
quem sabe de funcionário em uma ilha de
escritório que mal e porcamente disfarce os
olhares desferidos (*sniper* relapso) ao relógio
na parede, a mantrificar o fim do turno. não
confunda isso com alegria. nem desespero.
uma piscina vazia com algumas folhas deitadas
nas pastilhas, uma roda-gigante em um parque
abandonado onde escorpiões agora agradecem
o silêncio da vizinhança: são aproximações
do que tentava dizer, os nossos desígnios de
nada, abraçados. por isso mesmo fique aqui.
o meu lado é um lugar em silêncio, enquanto
na cidade-cemitério do carnaval, à sombra da
figueira da praça centenária, cachorros de rua
fodem sob um céu sem bombas e sem milagre

EDSON CRUZ

Nasceu em Ilhéus, Bahia. Estudou Música, Psicologia e Letras, é escritor e autor dos livros de poemas *Sortilégio* (Demônio Negro, 2007), *Sambaqui* (Crisálida, 2011), *Ilhéu* (Patuá, 2013), *O canto verde das maritacas* (Patuá, 2016) e do livro de prosa *Mahâbhârata* (Paulinas, 2011). Como organizador lançou *Musa fugidia: a poesia para os poetas* (Moinhos, 2018) e o infantojuvenil *Trabucada* (Terracota, 2019). É cofundador do extinto site de literatura Cronópios e do site Musa Rara (https://www.musarara.com.br/) e autor do blogue Sambaquis (https://sambaquis.blogspot.com/).

BIBLIOTECAS

A biblioteca do pai de Borges
foi o fato capital de sua vida.
Ele nunca saiu dela, disse.
Em minha casa nunca tive livros.
O fato capital de minha vida
é não ter tido pai.
Minha mãe foi minha biblioteca.
Ensinou-me tudo.
Nunca saí dela.
Era analfabeta e deveria
ter se chamado Alexandria.

ZOOM

Carpe diem.
A vida é
curta.
Carpas riem.
O azul do dia
zune.
O céu refletido
nas águas.
Lume.

BANZO

carrego em meu lombo
várias máculas onomásticas.
sou Zé, filho de Edward
um desterro sem quilombo
e sobre o nome
a Cruz.
sou nenhum
mulato negro índio
sou ninguém
tingido d'água salgada vindo.
mesmo depois de liberto
com os sapatos a luzir
um ilhéu
que o destino não quis
soteropolitano.
um grapiúna no sul-
maravilha

quase impecável
sem marcas
    cicatrizes
não ungido
sem excesso de melanina.
algo assim próximo à matéria
alva que se quer tingir o mundo
visão última, clarão
dos que erraram o alvo
não tiveram sorte
e encontraram súbito
a própria morte.

EDUARDO LACERDA

Nasceu em Porto Alegre, Rio Grande do Sul, em 1982 e vive em São Paulo, cidade que ama, desde os dois anos de idade. Cursou Letras, com habilitação em Português e Linguística, na Universidade de São Paulo, mas não concluiu o curso. É autor do livro de poemas *Outro dia de folia* (2012) e editor da editora Patuá. Acredita que livros são amuletos.

A ÚLTIMA CEIA

Há regras à mesa
como em um brinquedo
de quebra-cabeça.

/ E eu não entendo
os dispostos à esquerda

dos pais.

Restos do pequeno
que sentavam ao meio

da mesa (*como prato
que se enche
e procura lugar entre
as pessoas*). /

Já não me encaixo
depois que aprendi
a olhar de lado
e sair por baixo.

CORUJA

Seus olhos,
todo asas
se arregalam
quando voam,
(*são também*
gatos
amarelos
e suas
garras
carinhosas)
iluminados
pela noite.
E
em piscares
de
insônia
sonham.

A DENTADAS

Perco amigos
como
quem perde
dentes.

Como
quem
mastiga,
perco amigos.

(*E também os guardo*
deitados sob o sono
do travesseiro,
à espera
de impossíveis
fadas)

Como quem guarda dentes que perde.
Como quem dói a noite inteira.
Como quem
os devora.

Como quem
a dentadas e com raiva
espera
ainda algum
troco
ou
esmola.

FELIPE TEODORO

Nasceu em Ponta Grossa, Paraná, em 1993. É mestre em Estudos da Linguagem, professor e autor dos livros *Onde os pássaros cantam doentes* (Fractal, 2018), *Toda noite é um abismo* (Diário Macabro, 2019) e *O coração é uma pedra sonhando* (Urutau, 2020). Publicou em antologias e diversas revistas, entre elas Gueto, Alagunas, Vacatussa, InComunidade, Ruído Manifesto e é editor no selo de livros artesanais Olaria Cartonera.

3

devoramos o bicho com penas e tudo
sem pena carne cru dançando
em nossas bocas & beijos intercalados.
a cada mordida o sonho
– aquilo q não conseguimos preparar –
& foi apenas entregue morto
sem vida porém inteiro
nervos unhas bico coração
devoramos os olhos juntos
& enquanto eu mastigava a ave
lembrei de Pompeia do casal petrificado
do desespero eternizado & eu sabia eu sabia
q o sangue que em nós escorria
era feito Vesúvio em erupção.

não há como fugir, meu amor
é mais do q obrigatório
       encarar o fogo.

em algum momento vc será
ave devorada crua sem pena
o vulcão furioso & a cidade fantasma

em algum momento seremos
a criança & o cão chorando
a gente engasgando

duas estátuas pura pedra
lágrima-história
– prontos pra ir.

5

é preciso atravessar o corredor
mãos suadas escorregadias
mais um pouco e a pele estoura
mais um pouco e o sangue jorra
mais um pouco e você cai : sem fim...

é preciso de força pra carregar
as lajotas q seguram a vida.
é preciso de coragem pra esquecer
pra tirar da cabeça a ausência
aquele rombo causado pelo destino
que dá a sensação dum portal
prum vazio absoluto no peito.
é preciso nadar pra não ser afogado
no oceano-triste-da-própria-memória.

eu não queria ficar aqui desse jeito
feito um rato na armadilha de cola
mas não sei tbm se ir é a melhor opção
já que as estrelas não falam
a língua dos homens

eu só queria q vc tivesse
cumprido sua promessa
me ensinado a engolir
sem cortar a boca
sem se engasgar
com todas as dúvidas.

7

chegou a hora
de cortar as unhas
dessa tristeza
q arranha

cansei de ver vc sangrando
a imagem do corpo
mais magro
mais fraco
mais frágil
na teia de aranha
dos meus pensamentos

dói dizer mas a vida
é um banquete
e nós estamos famintos
expostos em cima da mesa

chegou a hora
de cortar as unhas
dessa tristeza

corte com os dentes
: só não deixe
q a carne no vivo
engula nós dois.

FLORIANO MARTINS

Nasceu em Fortaleza, Ceará, em 1957. É poeta, ensaísta, editor e tradutor. Dirige a Agulha Revista de Cultura e o selo ARC Edições. Em parceria com a Editora Cintra, dirige uma coleção de livros de circulação exclusiva pela Amazon. Estudioso do Surrealismo e da tradição lírica na América Latina, tem alguns livros publicados sobre o tema. Tradutor, entre outros, de autores como Vicente Huidobro, Federico García Lorca, Pablo Antonio Cuadra, Aldo Pellegrini, Enrique Molina.

CINCO MULHERES

• POR AQUI PASSOU EVA FAY

Os teus olhos me descamavam todos os símbolos da casa.
Os vestidos empoeirados nutriam uma memória de escolhas
                                          [ignoradas.
As dobras esvoaçantes sussurrando em teu corpo suspenso,
em meio à sala habituando-se a sombras incompletas.
As mãos se davam, recortadas, ao redor de uma mesa invisível.
Os pés indecisos, tropeçando em vultos trêmulos que espreitam
                                      [a vigília ansiosa ao buscar
   correspondência em vários mundos.
Pequenos diabos anotam agora os recados mais afetivos.
As ansiedades fatigadas custam a associar desejo e cena.
A tua respiração me chega como um remo e possui tantas
     [origens quantas eu possa laçar com meus ritos aprendizes.
Eu me desapego da consequência de qualquer ato.
Retiro-me de mim até que me ensines a não regressar.
Consinto que me espalhes por todos os teus casulos e que me
                                [acumules sem vícios regressivos.
Vasculho meus entalhes e encaixes à procura de uns fetos relutantes,
cópias que sejam de efígies ou planos, o trânsito do indeterminado,
fagulhas fora de nível, reuniões de sacrifícios descontínuos,
a essência ambivalente que já não corresponde a perda ou fortuna.
Eu te evoco para que me sopres no ventre o inverso de minhas
                                                   [tormentas.
A casa se despe de seus truques milenares.
O mobiliário retoma antigos verbos suprimidos e a anatomia
[informal de seus ninhos.
As tuas mãos ainda me assombram, porém sei que me queres bem.
Eu voltarei aqui e amanhã, até que a tua mesa se faça visível.

• ENQUANTO FRANCESCA WOODMAN SALTAVA

Provenho do bosque de lupas de teus seios,
do enxame de nuvens de uma lenda ancorada
um pouco acima de teus requebros sinceros.
Provenho de uma alegoria de pernas que se entreabrem
ludibriando a própria ilusão de suas prerrogativas.
O horizonte se materializa em teu olhar e eu me torno
o anfíbio rematado por uma fábula desmedida.
O monstro telepata que germina uma balbúrdia de anseios
e aterroriza as sombras envaidecidas por sua indecisão.
Renasço de teu beijo lapidado na pedra,
no milagre indizível da esponja de teus lábios,
no oculto aconchego de tua pele,
cada vez que me raptas um sonho de privilégios sem fim.
Tu me sucedes três vezes antes que eu seja notado.
Provenho de labirintos que perseguem os segredos
que migraram para a relva limítrofe de teu ventre,
e reconstituo o truque de teu equilíbrio no íntimo do búzio
que conspira um escândalo agrícola em nosso abraço.
Sempre que percorro a geometria de tuas coxas abrevio
as proezas do instante e o engenho onírico das oferendas.
Sempre que arrancas de teu corpo a imagem do mundo
dali brotam cascalhos derivados de todos os delitos.
Eu te asseguro que não há queda sem a confusa crença
na sementeira do renascimento, cláusula de incertezas,
proventos passionais e o utilíssimo contágio do acaso.
Beijo a tua árvore, de onde provenho, salvo engano.

• ENQUANTO LIA UMA FOTOGRAFIA DE OLIA PISHCHANSKA

Os corpos iam saindo do livro como se invocados por uma antiga crença. Impossível distinguir os mundos de onde surgiam seus vultos embaçados. Ao mudar de forma as letras persuadiam a árvore a ter mil cores e cheiros. A árvore erguida no centro da página de onde emanavam aquelas figuras, com seus nomes delineados na penumbra, inconcebíveis e dissolvidos no intuito de locomoção do tato, decompondo as proporções do homem e a insuficiência de suas leis. Os corpos encurtando as palavras até a mais completa exaustão de seus sentidos, um enigma atado à asa de cada voo. Os corpos expunham, tatuada na pele, uma rota de viagens e conjuros que ninguém poderia decifrar até que o livro encerrasse seus portais. O cenário fervia como se houvesse adotado a febre para atiçar a visão. Durante sete crepúsculos as páginas se multiplicavam dando ao livro uma aparência de cornucópia e seus corpos encarnavam diagramas fálicos, sinuosos, esvoaçados, com seus impulsos interrogantes a revelar direções contrárias a tudo quanto até então fosse verossímil.

FRANCESCO NAPOLI

Nasceu em Minas Gerais. É poeta, compositor, guitarrista, pesquisador e professor de Filosofia e Arte; integra os projetos Falcatrua e nMUnDO e também o espetáculo Rock In Concert da Orquestra Opus. Apresenta, produz e edita o programa de rádio Tropofonia na rádio UFMG Educativa; apresenta o podcast Banda de Lá Banda de Cá, apresenta o quadro nãoseioquenãnãnã na web rádio Matula. Faz produção e curadoria do Mini Festival de Arte Contemporânea e Performance Durante. Coordena o projeto de extensão Estetosfera Arte e Medicina no UNI-BH. É autor dos livros de poemas *Sobre alguma coisa, sobre coisa alguma ou metapoesia sem meta* (2004), *Árvore em V* (2011), e *As férias de Kant* (2016). Tem dois discos solo, *Pausa para* (2011) e *Cavalo e catarse* (2017).

ANIMANIMAL

não é minha existência
o que faz o mundo girar
nem meus pés ressecados
soltando pedaços de pele endurecida
nem o lápis que adentra minha barba
e se enrosca e se sustenta nela passando a fazer
[parte do meu rosto]
esse mesmo lápis de ponta fina
que raspa o papel deixando seu rastro cinzento e
o peso sutil do lápis
em minha barba trans
forma minha forma de virar minha cabeça
que parece ostentar uma coroa
os fragmentos distorcidos e deformados do lápis que tento ver
me dão equilíbrio e sinto que posso andar em uma corda bamba
minha cabeça volta a ter peso
meu pensamento agora vem do peso da minha cabeça

COGITO ERGO SUM

duvide
duvide de mim
duvide de você mesmo
duvide
duvide de tudo
o que você vê mesmo
duvide
duvide de mim
duvide de tudo o que você vê
divide de tudo como descartes
descartes duvida de você
descartes duvida da dúvida duvida da dúvida duvida da dúvida
não descarte uma ideia clara e precisava ser tão cartesiana?
seguir o caminho reto pode te afastar do nirvana
se a dúvida é o certo fica fácil pra cigana
pega essa coisa pensante que te engana e leva pra passear
como um cachorrinho que você espera ficar
cheirando podre delícia
a razão, a razão
ela é cheia de malícia

VIA LÁCTEA

toda mãe é uma galáxia
o universo tem bilhões de galáxias
o planeta terra tem bilhões de mães
que giram e geram gerações

toda mãe canta seu mundo
se pode ouvir ainda no útero
o murmúrio de uma época
é como ouvir um outro cosmos
no todo profundo amniótico
aquela barriga é um planeta
o abrigo de um cometa
uma ampulheta revirada
o início de uma outra estrada
a mãe do mundo é mãe do mundo
estrelas lácteas no branco profundo
pura vontade de sugar o mundo

GABRIEL KOLYNIAK

Nasceu em São Paulo, capital, em 1985. É poeta e editor. Publicou em 2008 o livro *Partilha*, pela editora Nankin, com apoio da Secretaria de Cultura do Estado de São Paulo. Em 2012, publicou *Da casa à hospedaria*, e em 2013, *Discórdia*. Edita poetas brasileiros desde 2011 pela Editora Córrego, da qual é fundador. Coordena a Biblioteca Roberto Piva, espaço cultural que abriga intensa programação literária no Centro da cidade de São Paulo.

MARÉ NA PAISAGEM PEDREGOSA

1.

Entende-se que a curva
na parede se distende
e um trecho de canção
no conflito do peito
é um peixe derramando o sal,
é uma orelha recortada pelo silêncio

2.

Em pensos bairros, carroças lotam,
se escondem, logo voltam
por travessas, um ferro encontram,
levam-no, em pensos bairros,
dispersam, se alguém vigia perto.

As rodas das carroças quebram,
alguém o nota antes que entornem
as coisas que as carroças, emparelhadas
ao meio-fio, e como o rio, carregam.

Arrasta as carroças uma gente
que não se lembra de nada
e na carroça tem de olhar
para algo ficar claro

mais distante é a forma do percurso,
nada que luzisse,
emparelhadas ao meio-fio,
em bairros ao lado.

3.

Não pretendo denunciá-lo
o tapete sob seus pés
veio de outra casa, mais insigne
do que esta, talvez mais apropriada
para atapetar seus passos;

vieste porém à porta desta residência
aqui se esticam tapetes furtados
mesmo para distintos senhores
esperando receber
do seu muito grave olhar
a simpatia que não nos une

GERUZA ZELNYS

É escafandrista, poeta, pesquisadora e professora. Criou o curso de Escrita Curativa. Publicou *Esse livro não é pra você* (Patuá, 2015), *Se do meu púbis nascessem asas & outros poemas* (Oito e Meio, 2017), *Folheio teus cabelos, no contratempo do vento* (Urutau, 2017), *9 janelas paralelas & outros incômodos* (Dobradura, 2016) e *Tatuagem: mínimo romance* (Patuá, 2016). É geminiana com ascendente em girassóis.

SE DO MEU PÚBIS NASCESSEM ASAS & OUTROS POEMAS

das contenções
todo o passado contido na fotografia
toda a história contida no monóculo
toda a felicidade contida na moldura
todo futuro contido na palma da mão

o teu fogo contido na chama da vela
a minha água contida nas bordas da piscina
a música impossível contida no piano
a alma das árvores contida no bonsai
o desejo contido na mensagem cifrada

o corpo contido na abstração do nome
teu nome contido num sussurro solitá-

rio contido na rede azulada da nuvem

chove a conta-gotas
cápsulas de lamento:

uma deusa ciborgue sufocada no meu
chacra inferior

vê: não é privilégio dos versos a prisão
do poema

fiéis à liberdade, só lágrimas revolucionárias transbordam

FOLHEIO TEUS CABELOS, NO CONTRATEMPO DO VENTO

folheio teus cabelos nesta manhã de segunda-feira

folheio teus cabelos pela manhã
e um sonho colado à corda de sete linhas mais
uma orelha
pendurada na língua a palavra
estremeço

meus olhos abertos no escuro

todas as páginas escritas começam a queimar
pelas beiradas
depois o centro
estremece

a cidade e seus chacras encobertos pela luz

um poema escapa
dos teus pelos
e eu não posso perdê-lo

fodam-se os livros

fodam-se os livros
e todas bibliotecas itinerantes

teu nome é incêndio
e morde

CARTA A M.

e eu que era a mulher do fim
do mundo

metade pássaro
metade gaiola

me vejo e canto
em demora

nua de asas e
portinhola

tatuada de inícios

mulher
de agora

HELENA SOARES

Nasceu em Brasília de Minas, Minas Gerais, e reside em Belo Horizonte. Atriz, escritora, *performer*, pedagoga, arte educadora e diretora de teatro. Graduada em Teatro e Pedagogia, pós-graduada em Linguística e Formação de Leitores. Publicou os e-books *Flor da alma*, *No tempo do olhar* e *Guerreira invisível* (Amazon, 2020) e os livros *Ventre nosso de cada dia* (Sangre Editorial, 2019), *Memórias atonais* (Multifoco, 2018), *Pedro Afonso Vieira, o homem que venceu a si mesmo* (Letramento, 2018), *Vulnerabilidade nas asas* (Kazuá, 2014) e *Infrutescência* (Anome livros, 2006). Participou de antologias e, como atriz, fez parte do elenco de diversas peças teatrais. É responsável pelas oficinas de teatro/criatividade no Centro de Convivência Nise da Silveira/Saúde Mental PBH-MG.

SOBRE O OLHAR

O azul da parede é para onde o olho se vira
Depois se volta para a janela e observa a cortina de chuva
Imóvel, ouve os barulhos para registrar todas as impressões
A respiração flui como água no infinito do ser
Guarda na pele tudo que um dia pode fisicamente acabar
Nesta fusão cósmica a vida se imortaliza
E o sagrado permanece.

TODO DIA

Sentir é algo já demasiado poético
Ser é algo vivo
Saber-si é ainda mais potente
É espantoso ter consciência
Às vezes dói
Às vezes é só deslumbre
Ou nada
Só olhar e ouvir
É cada suspiro
Não é nada
Ou é tudo
Só de estar diante de si
Um mar em fúria de belezas
Tantas demandas para compreender
E o sol não brilha todo dia
Todo dia tem fome, sede, dor, alegria, poesia...
Compreender é colorir o corpo de boas intenções
Seguir desenhando sorrisos
De nada, de tudo...
Da história de sua vida...
Dos caminhares...
Do tempo que vai passando
Dos amores que deram em nada
Nada, nada, nada, nada...
Todo dia tem luta e recomeço...

SEGUINDO

Era assim (...)
Foi ficando...
Respiro
Barulho
Silêncio...
Ficou assim
(...

JAIRO PEREIRA

Nasceu em Passo Fundo, Rio Grande do Sul, em 1956. Vive na Fazenda Poema, em Quedas do Iguaçu, Paraná. É autor dos romances rapsódicos *Arijo, o anjo vingador dos poetas recusados* (edição do autor, 2014), *O abduzido, aquele que preferiu ficar em casa e foi transferido* (Blocos Editora, 1999) e *O pisalume no caminho* (edição do autor); dos livros de contos *O artista de quatro mãos e Owerlux* (Editora Multifoco); do livro-poema *Capimiã* (Editora Medusa); e dos livros de poesia *Espirith Opeia* (Editora dos Recusados), *O antilugar da poesia* (edição do autor); *Signo de minha prática* (edição do autor); *Meus dias de trabalho* (edição do autor); *El caderno de poesia de Jairo Pereira* (Editora Yi Yi Jambo); e do livro de ensaios, resenhas e entrevista *Palpitônia* (inédito).

DOS DEUSES NATHIVOS

o deus menor faz pássaros cantar à força
o deus crescido derruba árvores na floresta dos nossos sonhos
o deus supervivido banha-se no rio de águas azuiscristalinas
antropomística minha veia artística antropocênica autoral e
                                                         [desmedida
cresci com os entes iletrados da mata dancei a dança dos ventos
                                                 [sofri as marcas do
tempo tangi sons diferenciados nos poemas pendurados nos
                                                          [galhos
sou eu que amo este verde este cheiro de seiva fresca sou eu no
                                        [interior das madeiras podres
cresço com os deuses de barro enfibrados de cipós
silentes nas tocas escuras.

METEMPSIQUÊ

metempsicada minha vida às margens deste rio vermelho
vermelha minha apreensão pela mata extinta
rastros de animais desaparecidos pós de corpos nas cascas
polpas sementes dos frutos sob as árvores
tudo está em mim e não tudo está em mim e em você extratos da
mesma substância :vida-morte: marcas do vivido o que já partiu
transubstanciou foi para os amplos campos dispersos do amanhã
metempsicada minhas visões nestes espaços dúbios
metempsicada fria e alterada
desfaço meus enredos como quero
adormeço sob a pedra grande
inscrevo um poema-larva nas raízes & sonho novos nascimentos.

O RAPSODO DO NADA

não fui quem nominou o sem-tempo a noite sem fim a epopeia
do silêncio
não fui o rapsodo do nada na mesma pedra da mesma alta
montanha
olhar crítico sobre as coisas
:vida:
pensamento no pensamento ideias nas ideias palavras nas fontes
escondidas poeira volátil no ar estrelas caídas no pátio da casa
imagens de aluguel silogismos
eclipsemas simples de se brincar e enganar as horas
não fui quem trocou os significados das palavras no dicionário
os sons dos signos na nathureza signos símbolos sinais que ainda
não nasceram
não fui e sou o que embaralhou os conceitos ditou sentenças
bonitas sem qualquer correspondência com o real
agora redurmo sono de mosquito na parede áspera do quarto
enquanto excitada mariposa-branca circula a lâmpada.

JÚLIA VITA

Nasceu Niterói, Rio de Janeiro, em 1995. Artista e poeta, concluiu a graduação em Artes pela Universidade Federal Fluminense. No ano de 2017 deu início aos projetos Trabalho Doméstico, exposto no Centro Municipal de Artes Hélio Oiticica, e *pesca. nºEu*. Em 2018 lançou seu primeiro livro de poemas, *Alga viva*.

a real profanação do sexo
é seu próprio pensamento
em ação.
não é a carne comida
nem o suor detrás nas varandas
arrebentadas
as janelas dos céus
continuam abertas
e até os anjos são pouca
e roupa de cama
uma ação profana age
em desobediência à essência
reprodutiva
a isto dá-se o ato de mudança
de método
e não contraceptiva como
remédio
ao hábito falho.
um hábito falho é ainda um hábito
sacro
quando pensa,
sua perna pensa.
está dada a real definição
de sexo feminino.

ao advento da desconstrução
a comunicação é desértica dum chão sem cactos
chega dos factos pactos memórias práticas da irredutível opinião
sádica
a política da chaga exige vasilhames abrigando
migalhas
não há migalhas em chão sem cactos
a política da chaga nos exige uma palavra de basta e que
tomemos sopa de planta em nossas vasilhas vazias
uma matilha de planta em nossas vasilhas vazias

uma alga viva:
alguém mete as mãos
e ela foge
ou ela gruda
e sentem
nojo
como alga viva, mãe?
primeiro desista da palavra
força
logo depois da resistência.
um corpo resistente
é destruído fácil
por quebradiço.
logo depois exercita o drible:
algo esbarra, se desvia
ou abre buraco
para que passe
seja peixe porém
não morda
isca.

LOU ALBERGARIA

Nasceu em Ponte Nova, Minas Gerais, em 1969. Publicou os livros *O cogumelo que nasce na bosta da vaca profana* (Vidráguas, 2011), *Doida alquimia* (Patuá, 2015) e *Novíssimo marginal* (Penalux, 2020).

BAGAGEM

A vida não é justa.
É estreita, quente
e úmida
onde você penetra
o seu medo de falhar.

– Não, amor, não posso carregar
os seus medos

Estou retida na alfândega
há séculos
por excesso de bagagem.

HÁ ALGUÉM AÍ?

Sinto-me uma mistura saturada de mim mesma.
E nem sei direito o que há aqui dentro;
Parece, às vezes, uma aglutinação
De nada com coisa nenhuma.
Vácuo. Lacuna.
Uma palavra esquecida no mundo.
Latim arcaico
Língua morta que não se renovou
Perdeu a hora
Afugentou-se!
Está só de partida
E para lugar algum.

FOTOSSÍNTESE

Há que se ter coragem
de desmontar o livro
depois de pronto
– folha por folha –

para remover
todo o excesso da página
e da célula:

toda palavra que não é amor.

LUCAS GUIMARAENS

Nasceu em Belo Horizonte, Minas Gerais, em 1979. Poeta, ensaísta, tradutor, editor e curador. É embaixador pelo Círculo Universal dos Embaixadores da Paz (ONU/Unesco) e conselheiro deliberativo da cátedra de Filosofia da Cultura e das Instituições Culturais (Unesco). É organizador e curador de diversos eventos literários e editor da L'Harmattan Edições (França). É autor de *Onde (poeira pixel poesia)* (7Letras, 2011), *33,333, conexões bilaterais* (Azougue, 2015), *Exil, le lac des incertitudes* (L'Harmattan, 2017), *Michel Foucault et la dignité humaine* (L'Harmattan, 2014) e *Exílio, o lago das incertezas* (Relicário, 2018).

CANTO GERAL

Puedo escribir los versos más tristes esta noche.
Pablo Neruda, Poema xx

arranharei um canto geral.
no entanto florestas já não contam palavras
e não há lirismos. rios e pedras enclausurados por diques e
[mineradoras.

não há mãos calejadas mas inflamações pulsos dos caixas
[eletrônicos e linhas de produção

não há condor e o petróleo queimou com as últimas bombas
[deste mundo.

não há passos na areia.
pássaros com balões
de oxigênio nestes ares despressurizados.
aves fumam por falta de catalisadores.
(homens vivem por falta de cataclismos).

flores não sopram vidas
copos de lírios são apenas copos
de poluição concentrada e branco tingido de sujo
e a serpente brilhante apagada como o último trago.

o canto geral é campo de batalha e miopia dos homens.

assobio do último sobrevivente
esses versos morrem nos sete mares verdes do poeta naufragado
epilepsias de epifanias eletromagnéticas.
bilhetes de *bateaux mouches* reservados para invasores alemães
[nos anos 40.

levarei pela coleira minhas orquídeas a passeio.
depois de mijarem nos postes de luz
poderei comer uma junk food sem ser eletrocutado?

QUE?

que tocha de aldebarã brilha sobre dias cinzas?

que proa de barco afogado repensa trilhos das águas?
que estrelas de cais entornam mistérios na tela
do computador ou na tatuagem alada do homem caído?

que liberdade que cidade pensada que poema que cinema que
pintura?

que pele que escama que couro que casco?

pássaros sibilam notas de desarvorado
poeiras choram nas cerdas da vassoura
nascentes retomam correntezas de escuros caminhos de pedra e
[barro
manhãs têm olhos vidrados de pérola pixel e espasmo

crianças nomeiam nuvens
palavras aparam a grama do jardim da casa
livros incendeiam lareiras de inverno
cosmopolitas leem à luz de *bytes*.

serpente de mil dentes ancora presas na nuca do não.
que castelos erguemos na palma da paz?

I – DAS ASAS

Acontece que, desde cedo, pesquisei sobre peles. As minhas, sobretudo. Em várias clínicas de regeneração me disseram que a centopeia, um dia, poderia doar uma pata e não ser manca. Antes disso, descobriram a partícula de Deus, o bóson de Higgs. E vieram, então, os deliciosos e desbotados programas de tv da minha infância, Bozo & Mafalda. Hoje, permaneço feliz e manco de compreensão. E tenho asas.

Ainda uso metrôs. Lembro-me deles, cheiro da ansiedade, o vômito impregnado das madrugadas, as músicas do leste europeu, esquizofrenias de desempregados, estudantes, operários. Lembro-me das catracas emperradas, dos controladores de passe, da náusea. Das sacolas de supermercado e a mochila repleta de sonhos pelo conhecimento. Estas centopeias sempre perdiam patas. Os minutos exatos sofriam alteração. Paralisia. A linha férrea era a ponte para deus. Suicídios. J'ai faim. Merci.

As paredes retinham coelhos dentro das cartolas: o novo tablete, o celular, a viagem da vida, vez por outra um livro best-seller, espetáculos. Pirotecnias. Voltava para os 40 m² alugados. Sempre em horários diferentes, dependia das aulas, do frio ou da esbórnia. Em casa ela nua e queimada de gordura. Não compramos o vinho. Podemos comer uma carne hoje à noite? A grana só em 20 dias. Até lá, cartão. Cartão, passaporte, permissão de trabalho, carteira de estudante, carteiras de bibliotecas, dos amigos do museu. Cartão para ligações internacionais - homesick – doença da distância e medo das mortes. Diariamente a pesquisa de passagens aéreas. Um trem pras estrelas.

Nos encontros, falávamos de eternidade. Cada guru uma sentença. Ontem foi a teoria do ar como exclusivo alimento. Só pensava no entrecôte mal passado. Aéreo demais, o sangue era forma de fincar os pés na terra. O sangue sempre fora a espinha dorsal da minha vida: injeções, exames, soros nas veias. O ar, desde que inalado pela nicotina. Nunca havia me observado respirar. Mas lembro-me dela definhando por tubos de oxigênio. Até nunca mais.

LUCAS VIRIATO

Nasceu no Rio de Janeiro, capital, em 1984. É poeta e doutorando em Letras pela PUC-Rio. Desde 2006, edita o jornal literário Plástico Bolha. É autor de diversos livros, sendo os mais recentes *Nepal legal e Índia derradeira* (OrganoGrama Livros, 2017). Foi curador da exposição Poesia Agora, que reuniu a obra de centenas de poetas contemporâneos no Museu da Língua Portuguesa, em São Paulo (2015), e na Caixa Cultural de Salvador (2017) e do Rio de Janeiro (2017).

A ASCENSORISTA

a primeira vez que vi teresa
foi hoje pela manhã quando
desci de elevador

quando vi teresa de novo
foi hoje pela tarde quando
subi de elevador

da terceira vez não vi mais nada
desci de escada

HOMENS DO DESERTO

Esses homens do deserto
vêm puxados a camelo
com seus panos coloridos
envolvidos nos cabelos.
Retorno de tempos idos
muitos anos, isso é certo,
têm os traços bem vividos
esses homens do deserto.

Esses homens do deserto
domadores de elefantes
têm os olhos bem abertos
como bons negociantes.
Venha logo, meu amigo,
venha ver o quanto antes
esses homens do deserto
domadores de elefantes.

Esses homens do deserto
com seu mármore esculpido
construíram os castelos
que encantaram o mundo inteiro.
Contemplaram as montanhas
com seus templos de marfim,
e hoje vendem por barganhas
belos cortes de cetim.

Esses homens do deserto,
esse clima quente e seco
de um país largado a ermo.
Eu preciso ouvir de perto
a canção que não entendo
para ver se estou desperto
ou se os homens que enxergo
são miragens do deserto.

PEQUENOS AFLUENTES DO RIO GANGES

algo escorre por Varanasi   vem que eu recebo tudo
um misto de muito suor   não devolvo não julgo
de lassi derramado   canto o rio ainda que mudo
de urina de vaca   vem que eu recebo tudo
de oferendas   não devolvo não julgo
fluidas   canto o rio ainda que mudo
mix   vem que eu recebo tudo
de lodos   não devolvo não julgo
indo pelas valas   canto o rio ainda que mudo
pinga de calha em calha   vem que eu recebo tudo
um grande esgoto a céu aberto   não devolvo não julgo
de cuspe de chai e de baldes d'água   canto o rio ainda que mudo
que vai caindo até atingir o único destino   vem que eu recebo tudo
possível nessa improvável cidade   não devolvo não julgo
junto com cinzas e corpos   canto o rio ainda que mudo
no sagrado rio Ganges   vem que eu recebo tudo
estuário de tudo que   não devolvo não julgo
entorna e assim   canto o rio ainda que mudo
por diante   vem que eu recebo tudo

LÚCIO AUTRAN

Nasceu em no Rio de Janeiro, capital, em 1957. *O piloto anônimo* (Editora Global, 1985), seu livro de estreia, recebeu a Menção Especial do Prêmio Guararapes da União Brasileira de Escritores. É autor dos livros de poesia *Um nome* (Taurus/Timbre, 1987), *Anima(l)* (Seis, 1993), *Exíliosamares* (Impressões do Brasil Editores, 1996), *Excertos dos exílios* (Impressões do Brasil Editores, 1996), *Centro* (Francisco Alves, 1999), *Fragmentos do sonho e outros ciclos menores* (Bookess, 2012) e *Fragmentos de um exílio voluntário* (Bookess, 2016). É também autor do livro de ensaios *Uma iniciativa pessoal? Novos meios, sua democratização e os direitos autorais vistos da Terra de Santa Cruz* (Bookess, 2013), tendo colaborado com o jornal Verve, o Suplemento Literário do Estado de Minas, a Revista Galeria e a Sandmann Und Haak Gallery, Hannover, EUA.

TEMPO

Com dias tão iguais, para que demarcar o tempo?
Quero quebrar os relógios da casa, tivesse um,
porém, mesmo quebrados, restariam os digitais.
Um Tempo infernal grita, nos obriga sua presença.

Se História corre igual para tantos iguais a mim
em dias sem Tempo, por que o vício das horas?
Sem Tempo? Se temos todo tempo do mundo!
Apenas tempo demais, derramado desperdício.

Marcar as semanas, os segundos e os meses
(os meses não, maldigo) contar todas as horas?
O presente é inútil, o futuro melhor nem pensar,
só o passado nos desenha de tempo e memória.

A demência do tempo, triste sintoma da doença.

RÉQUIEM

Para todos que não puderam enterrar seus mortos

Morrer sempre foi o mais silencioso dos gestos
das gentes: o compartilhar a solidão e o silêncio,
cujo único eco era a certeza improvável do fim,
assim, lentamente despetalar um tempo de dor
nas cores de uma flor tão inútil quanto urgente.

Hoje ecoam entre nós ainda maiores silêncios,
ecos de um Coro surdo, um Réquiem composto
para voz alguma, sem Agnus Dei e sem adeus,
ou mesmo Deus, choro sem o consolo do Coro,
cuja a soma das vozes nos iludia humanidades.

Ficam uns braços pendidos na noite, e as mãos
que procuramos no escuro as sentimos buscar
nossos flancos, entretanto, elas tocam apenas
os flancos da nossa dor. Sem a certeza do corpo,
quem pranteará nossos mortos? Os seus olhos

nos buscam, sucede tocar-nos, não os fechamos,
vagam e velam por nós, que os sabemos lacrados.
Sem o beijo vazio na pele fria, só nos resta o difícil
odor de flores imaginárias que despetalamos no ar,
e atiramos na noite do silêncio do alto dos edifícios.

Enquanto isso, esse rei demente, que só por existir
nos violenta, incita Incitatus, gargalha galopa várzeas
de flores não colhidas para dores intocadas. Calígula,
canibal, cavalga ódio enquanto come carne humana
e cospe o sangue na taça profana da boca dos filhos.

EPITÁFIO

Eu sei que nenhuma sátira
satisfará as minhas madrugadas

Cada vez que se abrirem sob mim
os caminhos abissais das noites.

Terei medo de encontrar uma pedra
desenterrada, onde uma lápide

Me ameaçará: "Aqui jazia, agora livre,
aquele que furtou as chaves do abismo".

LUIZ DE AQUINO

Nasceu em Caldas Novas, Goiás, em 1945. Aos dez anos, mudou-se para a casa da avó materna, no Rio de Janeiro. Adulto, tornou-se bancário, formou-se professor e fez-se jornalista. É autor de mais de vinte livros, presidiu a União Brasileira de Escritores de Goiás e é membro da Academia Goiana de Letras (além das Academias de Letras de Aparecida de Goiânia, de Caldas Novas e de Pirenópolis – da qual foi presidente – e membro-correspondente da Academia de Letras e Artes de Piracanjuba).

EU TE SEI E SINTO

Fosses semente
eu te plantava, mas onde
achar solo capaz
de te colher e te dar vez
de renascer?

Fosses cor, ou forma
de linhas tênues, fortes e delicadas
eu te veria, só, e talvez
te tocasse para sentir
a maciez imaginada.

Fosses ar e aroma,
eu te aspiraria, forte e intensa,
e te retinha no peito, densa, mas
– pena! – eu te soltaria
para sugar de novo!

Sei bem que és mais que o ar
de sugar e sentir, de reter
e soltar, porque terei, em lembrar
e sentir, o teu perfume
de tez e tesão.

Para te reter, eu te toco de mãos
e dedos, de língua e boca.
Eu sei bem de onde buscar arrepios,
e a voz de ansiedade
que me pede mais.

E sei bem onde causar-te
paz e anseios – excitação esperada
que, em ti, prenuncia
o prazer: ápice de mim
em teu corpo.

E JÁ ERA PRIMAVERA...

Era manhã e sábado, e frio
e era Primavera, já, estes dias.
Cinza e triste, úmida.

Era perto o mar, mas sem sol
e claridade de alumiar sorrisos;
até que chegasses.

Era um triste, aquele sábado,
em litoral distante. Manhã cinza:
mas teve o teu encanto.

É SETEMBRO, É DE MIM

Vou te lembrar que é setembro,
é Primavera e faço anos.

Visto passos de estampado
e pardo, parvo, pavoneio-me
para festejar meus anos
e é Primavera outra vez.
Foi-se há dias o Dia da Pátria
e, logo após o Dia da Árvore,
vem o Dia dos Amantes,
dia de festa nacional a transpor
fronteiras – a do sacramento
do casamento, ao menos,
para os de menos geografia.

Vou te lembrar que é setembro
e teu amante faz anos
dias antes
do Dia dos Amantes.

LUIZ EDMUNDO ALVES

Nasceu em Vitória da Conquista, Bahia, em 1959. É autor de seis livros de poemas, entre eles *Fotogramas de agosto* (Anome Livros, 2005) e *Zuns zum zoom* (Anome Livros, 2012). Em 2011 tornou-se fazendeiro em Almenara, Minas Gerais, onde cria gado Nelore e cultiva um jardim em que brincam os dois filhos que não teve.

FILHOS INTANGÍVEIS

os dois filhos que não tive brincam de
caça-palavras ali no jardim que herdei do meu pai.
o mais velho, de lua cheia, sempre dado aos
conhecimentos, gosta de perguntar coisas para as
quais raramente tenho boas respostas, mas ele está
sempre perguntando, pra duvidar ou só pra
balançar minhas certezas. com ele aprendi a gostar de
dúvidas, de palmeiras e de street view.
o outro, mais novo e insensato, dado à escrita e às
rebeldias, nasceu na lua crescente.
um dia me disse: "pai, você não existe, é apenas um sonho, um
texto meu. pai, você só existe em meus
textos e sonhos".
realmente eu existi nos sonhos e no texto do filho mais
novo por centenas de luas crescentes. um dia eu percebi
que ele vinha diminuindo, diminuindo, diminuindo até
assemelhar-se aos três pontinhos das reticências.
na última lua crescente era só um ponto parágrafo.
com o filho mais novo aprendi a admirar ainda mais
os rebeldes e a desprender mágoas observando reticências.
enquanto isso o filho mais velho está ficando
maior, mais jovem e menos perguntador, invisível.
assim é, e fico em paz com estes dois filhos que não tive,
que agora brincam de caça-palavras ali no jardim que
herdei de meu pai.

ESQUEÇA-ME.

esqueça-me.
esqueça-me como um cheiro de ervas
um extrato de paixão ligeira, um sofá-colo.
esqueça-me como aquele que
escreve poemas nas pedras e
nas pedras colhe gloxínias
e abandonos
esqueça-me às 5h33.
esqueça-me numa rosa de prata barata,
ou quando desejar que a semana voe,
que o pensamento voe
que nando reis cante sim e não
esqueça-me,
esqueça-me hoje que lua e
vênus suavizam atitudes.
hoje, que não mais me quer.
esqueça-me,
e guarde-me em seu esquecimento.

SONHO

eu tinha na mão uma flor que eu trouxe do paraíso. eu levava pra você a flor que eu trouxe do paraíso. você estava no alto do tombadilho e eu embaixo, preso ao corrimão por uma algema. você voltou e estendeu-me a mão mas levou leonardo di caprio que gritava help e tinha olhos lindos. meus olhos lacrimejaram e eu me culpei por não saber gritar help. help help help. bruna me perguntou se eu sabia gritar. respondi: não sei gritar. alguém disse: se você soubesse abriria a algema. mas não sei gritar. alguém gritou: olha o relógio! eu olhei mas não consegui ver as horas porque o relógio estava dobrado e um dos ponteiros era ocultado por um touro que tinha a cara de meu pai. gritei paaaaaaai! paaaaaaaaaaiiii! acordei e vi você completamente loira comendo a flor que eu trouxe do paraíso.

MARCELO ARIEL

Nasceu em Santos, São Paulo, em 1968, e vive em Cubatão. Poeta, *performer* e dramaturgo, é autor dos livros *Com o daimon no contrafluxo* (Patuá, 2016) e *Retornaremos das cinzas para sonhar com o silêncio* (Patuá, 2014). É também autor de *Tratado dos anjos afogados* (LetraSelvagem 2008); *O Céu no fundo do mar* (Dulcinéia Catadora, 2009); *Conversas com Emily Dickinson e outros poemas* (Multifoco, 2010); *A segunda morte de Herberto Helder* (21 Gramas, 2011); *Teatrofantasma ou o doutor imponderável contra o onirismo groove* (Edições Caiçaras, 2012), entre outros.

BLAKE IN LOVE

A loucura das visões é rara
poucos conseguem sustentar uma visão
que se converte em pensamento autônomo do mundo
por isso é difícil que em nossa época apareça um Ezequiel
ou um Heidegger capaz de atravessar o abismo
e entrar outra vez no Jardim

COMO SER UM NEGRO

começa
tenho 09 anos
costumo ser
convocado para comprar cigarros nas padarias para as ondinas
                                        [do puteiro, esta situação
vem da Fenícia ou do Egito
a iluminação pelos signos
não aprendemos a ler e escrever na escola, foi a vizinha
a negra Dona Marlene me ensinou
quando cheguei no sistema escolar
aprendi que um avanço para nós
é visto como um atraso, um acidente
por muitos, os que trabalham para o opaciamento do sublime,
no senso comum
tudo parece ser regido pela perda
do ser do tempo, do ser do espaço, do ser-do-ser
em nós há um Pássaro
que jamais canta
por isso jamais saberemos nosso verdadeiro nome
um pássaro transparente
e um pensamento jamais pronunciado que é como uma libélula
aos 09 anos aprendemos a jamais pronunciar o nome desse silêncio
ensurdecedor, quis dizer, desse pensamento enlouquecedor
aprendi a dizer sempre outra coisa
a perder por delicadeza
e isso é parte do aprendizado
sobre o Sol
chamado

E EIS QUE SOMOS O TRANSE DA TERRA

"Não quero ir onde não há luz"
Fernando Pessoa

O demônio
foi criado
para que alguma coisa dentro do universo
da metafísica das religiões
se parecesse conosco, ele é
como uma falsa escolta de reflexos
do lado opaco do espelho ou da névoa
das trevas, uma lição fulgor
da irradiação
de uma impossibilidade
do vazio
Ele é o sentido histórico,
a lama crescendo como grama
repleta de agulhas
de ouro
O anjo do humano
andando pelas ruas
não verá o povo,

vejo os números e eles nada me falam do sentido histórico sendo
destronado para que os poéticos tomem o poder
e vomitem uma nação africana
na Alphaville soterrada
O riso dos rios enterrados
de São Paulo
procurando os céus
e a ética do sublime será como essa tribo
de índios de água

MARCO AURÉLIO DE SOUZA

Nasceu em Rio Negro, Paraná, em 1989 e vive em Ponta Grossa. Doutor em Estudos Literários pela Universidade Rio Negro, Paraná Federal do Paraná, é professor na rede pública de ensino e editor do selo Olaria Cartonera e da página O Pulso, de crítica de poesia contemporânea. É autor dos romances *O intruso* (Dracaena, 2013), *Conexões perigosas* (Kazuá, 2014) e *Desarranjo* (Penalux, 2020); do livro de contos *Os touros de Basã* (Kotter, 2019); e dos livros de poemas *Travessia* (Kotter, 2017), *Anjo voraz* (Benfazeja, 2018), *Assombro zen* (Kotter, 2020).

MY DEAR FRIEND DJAMI

My dear friend Djami, informo-lhe que ontem
Recebi o seu livro, devorando-o no mesmo instante.
Receio, porém, não ter nele encontrado qualquer
Vestígio de poema, ao que lhe dou notícia por supor
Tratar-se de algum equívoco ou mistake. Sim,
É o que lhe digo, não encontrei em seu livro qualquer
Lírio ou conhaque juvenil, sequer a virgindade de um
Pôr do sol no fim da linha: tudo se passa
Como se o autor destes riscos estivesse
Meio crazy meio mad meio caído
Em cânticos e rezas vazadas em um mix
De barbarismos antigos, que certamente fariam
Muito sentido em Pentecostes, mas não aqui,
Em nosso clube de odes à beleza da forma sadia.
Assim, devolvo suas obras completas, mister Djami,
Para que corrija esta falha com a língua
– Pois em seu livro sequer existe uma língua
E cá em meu país falamos português com
Correção, assim como se escreve às gramáticas.
Admitimos certos estrangeirismos, of course,
Mas nunca aqueles que se gestam dentro da própria
Nação, ao que lhe censuro a tendência promíscua
Pedindo encarecidamente que, em nova remessa,
Escreva-me sem fazer uso de suas próprias palavras.
Elas são suas e, como seu corpo – que neste compêndio
De elementos naturais (selvagens mesmo, eu diria),
O amigo também expôs de forma assaz indevida –,
Guarde-as para quando estiver ao chuveiro ou sozinho
Com parceirx(s) íntimx(s) que lhe deseje(m) a nudez.
Sem mais para o momento, confesso-lhe, contudo,
Que os arranhões feitos em mim por sua obra
Certamente não foram de todo o mal, e seu invólucro
De saliva aliviou-me a sede por dentro, ao que lhe peço,
Por justiça à consciência, que em sua resposta me envie
Mais destas letras cujo acento jorrando em nosso rosto
Causam este estranho fascínio ou efeito afrodisíaco
Na pressão – em que pese ausente de poemas,
O seu livro lambuzou-me nalguma forma de prazer

Desconhecido, não sei se mineral, vegetal, animal
Ou humano, mas desconfio deva ser a sensação
Daquele que mira a vulva hipnótica da Mãe Gaya
– a rainbow rising on my body, like a dream.

NA BEIRA DO RIO NEGRO

Dois homens pescam na beira do rio Negro
– seus anzóis iscados com pedras de crack

O primeiro deles fisga um peixe desdentado
Com tétrico olhar, já não respira: agoniza

Na segunda vara se debate um furtivo
(Nem mesmo dez anzóis lhe são suficientes)

O terceiro é uma fêmea vazando raiva pelas escamas
– os pescadores do lugar a chamam de piranha –

Então no ar uma das varas se debate ao fisgar
Um pássaro – homens e peixes surpreendidos –

Que morde a pedra e não se deixa segurar
Continua livre: entre as estrelas ele dança

Depois repousa sobre os galhos de um pinheiro
Repetindo seu balé todas as noites

Até que o padre, a lojista e o prefeito
Solicitam à polícia da cidade

Que lhe quebrem as asas e o devolvam ao rio
Pois todos sabem que aos peixes

É vedado o direito de voar

NOS OLHOS DE MINHA MÃE

Uma pomba selvagem
Com seu arrulho inaudível
Rasga feroz o peito opresso –
Seu bico em meu mamilo.
"Não somos nós a escolher
Os lugares onde ficaremos,
Mas eles que nos escolhem".

E por que distorcida fizeste a minha visão
Que só se encontra sozinha e às lágrimas
Mirando o terreno baldio das almas
Dos que sofrem, e tanto, e sempre,
Que assim o seu corpo traduz essa dor
Derruindo lento ao primeiro encontro
De um fragmento ligeiro da luz?

São os lugares que nos chamam
À partilha da eternidade, mas me confunde
Tua vontade, Senhor, pois entre os viciados
E somente ali, oculto numa ânsia asquerosa e pueril,
Foi que vislumbrei Teu semblante jorrando entre angústias
Que me escapavam pelos dedos feito um cardume de peixes
Diminutos – ou serei eu quem se recusa compreender?
Era Jesus, sei, era teu filho quem chamava, mas tive medo
E este medo era maior que a Palavra
E a cada instante o meu medo aumentava
E decidindo pelo medo eu me afastava.

Rastejando entre vermes foi que vi,
De corpo encolhido,
Crescer imensa a Tua presença
Repetindo meu nome
Antes da morte e da fuga atrapalhada,
E esta imagem me acompanha um dia inteiro –
Desde cedo e até à hora de dormir.

"São os lugares que nos escolhem"
Sim, é isto o que sinto, mas também isto o que me aplaca,

Já que me sobram sempre os sujos, os decadentes,
E sempre neles é que encontro a Tua fronte
E posso ainda implorar por um aceno
Ou a coragem de mirá-lo em silêncio
E Te amando Te querer e Te pedir.

[A chama de Deus me assusta
Como um incêndio brotando
Nos olhos de minha mãe].

MICHELINY VERUNSCHK

Nasceu em Recife, Pernambuco, em 1972. É escritora e tem romances e livros de poesia publicados. Em 2014 seu livro *Nossa Teresa, vida e morte de uma santa suicida* (Patuá) foi agraciado com o Prêmio São Paulo de Literatura de melhor romance.

se a tua língua
me toca
entre a gengiva
e meus dentes
uma coisa em mim
se acende.

[e como chamar
em anatomia
a essa carne
que inesperada
pulsa
e exige resposta?
róseo fruto
escarpa encosta?]

pergunte do fluxo dos dias
do ar gelado inflando os pulmões
e doendo doendo muito
da manhã atravessando as pupilas
com sua luz severa
pergunte da fera brotando por baixo das unhas
pergunte sobre o mapa-múndi rasgado
justamente onde ficaria aquela cidade
aquela memória
aquela história para sempre perdida
pergunte
pergunte dos 127 passos entre o ponto de ônibus
e o cadafalso
pergunte sobre o calcanhar atravessado por uma flecha
sobre os caroços enfileirados da romã
em cima do muro
pergunte pergunte
pergunte da flor sobre o eixo do mundo
sobre a língua da serpente sibilando o futuro
sobre o rapto das sabinas
pergunte
pergunte tudo
do papel mata-moscas
à última dança
pergunte
pergunte de mim

A MANHÃ SEGUINTE À EXECUÇÃO DE MARIELLE FRANCO

Uma mulher descerá o morro
Como se descesse uma estrela

Uma mulher seus olhos iluminados
Suas mãos pulsando de vida e luta
Sob seus pés a velha serpente
[a baba as armas a covardia de sempre].

Uma mulher descerá o morro
As inúmeras escadarias do morro
Os muros arames que separam o morro

E pisará o chão desse país sem nome
Desse país que ainda não existe
Desse país que interminavelmente não há

Uma mulher descerá o morro
O seu vestido é a tempestade

Uma mulher descerá o morro
E ainda que seu sangue caia
Ferida incessante no asfalto do Estácio
Esta mulher ninguém poderá parar.

MIGUEL JUBÉ

Nasceu em Goiânia, Goiás, em 1987. Concentra seus estudos em poesia luso-brasileira, literatura goiana e estética e filosofia da arte. É professor de Língua Portuguesa e Literatura para os ensinos básico e superior e editor pela martelo casa editorial. É autor de *poemas de minimemórias* (Porto: Calendário de Letras, 2015/Goiânia: Caminhos, 2015) e *Eugênio obliterado* (Editora da UFG, 2017).

MÍNIMA ELEGIA

se se ganha ou perde
a vela soçobra
monturo de cera
Jamesson Buarque

proteja-me ó tempo dos males de depois
dos males de que não sei
dos males escondidos
dos males maiores.

só podemos contar com a sorte
se a lâmina atravessar primeiro
e descer à morte a luta.

mesmo que apolo ou atena
de posse de corpos travassem
mesmo que eneias vertesse
para o pacífico sul
proteja-me ó tempo de todos os males
e não me deixes ficar à mercê de mim mesmo.

quando da primeira colheita
que os camaradas estejam bem fortes e dispostos
mesmo que a praga das pragas assole
o solo de todos os povos.

como entristece a praga nos
solos de todos
os povos.

é como a praga da noite inquieta
em rancho de baia
demais hilário
um rancho para todos os nossos reis.

dois santos estendam-se a nós
e guiem-nos pela labuta;

protejam-nos de todos os males
agora e na hora de nossa morte.

CRÔNICA

um:
era uma vez um rei encontrara da princesa
rainha.

com a ajuda do vil pedreiro fizera seu templo esculpido de
pedras.
e era de alvenaria forte
casa forte mesmo
[na novavila ou na velha mocca]
ou fosse casa forte um dizer para todos os nossos reis:

um rei precisa de ventos que o levassem de volta
à traição
um rei precisa de calma para fosse rei de nação ou
tivesse da relutância um tempo que se dissolva no espaço.

um rei jamais deve se ater
a tempo e a espaço
senão dissolvê-los.

eis um rei para todos os povos: um rei-dissolução.
pegou seu martelo e disse um rei pedreiro vale mais
do que um pedreiro rei.
não que não razão não estivesse
nem que não tivesse à cena
caso que pudesse aviltar

mas o tocante à saudade de toda uma nação:

era outra vez silêncio
retido de pupilas chorosas
e naquela casa de alvenaria
forte, ficava de uma penumbra
um amarelo cheiro de enternecido
porquanto o rei sondava
a patente de causas e cousas
repetindo seu moto: era uma vez.

dois:

    era uma vez um pedreiro roto que quis de vil uma alvenaria,
                                                        mas alvenaria
    não pode não poderá não poderia. pegou então seu martelo
[e se negou, portanto, pelo gesto do martelo sobre a sombra dos
                                                              homens –
    e suas rainhas –, a fazer de vil alvenaria um castelo
                                          para todos os nossos reis].

resolveu que era pronto
e decidido houvesse
casa forte se apenas
casa forte se fosse
para todos os seus
camaradas | irmãos.

desmediu essas pedras
de pranto dumas casas
e como desmedisse
a si toda uma chaga
assolava e estava.
agora a pedra vai

à vontade de povos
antes latente agora
fato antes promessa
agora vida, força
que se faz e que fica
como é de pedra ser.

era outra vez um dia
e era uma vez a noite.

era uma vez um velho
cego mas se fizera
em que seus olhos todos
para todos se abrem.
sempre fora pedreiro

mas um dia foi rei.

guerreiro sempre fora
mas um dia deixou
escapar pelas mãos
de seus povos controle

e era outra vez pedreiro
não roto, mas pedreiro
e fez, do tempo, nata
que talha e se transforma

em isca para novos
auspícios que virão.
se não vierem, é
porque falhou em *fábula*

fabulare. e era
outra vez um começo
feito em seu próprio fim:
objectum fictus est.

                                      os povos e o martelo
                                    um castelo moldaram
                                      por terra, e na terra
                                                  está e estará
                                por todos os seus séculos
                                    dentre todos os séculos

                                        até que em si se faça

só voz.

REYNALDO BESSA

Nasceu em Mossoró, Rio Grande do Norte. É músico, escritor, poeta e professor. Lançou cinco CDs. É autor de *Outros Barulhos* (Anome Livros, 2008) – seu primeiro livro de poesia, levou o Prêmio Jabuti na categoria Poesia em 2009 –, de *Algarobas Urbanas* (Ed. Patuá, 2011), seu primeiro livro de contos; de *Cisco no olho da memória* (Terracota/Selo Musa Rara, 2013) e de *Na última lona* (Penalux, 2015), seu romance de estreia.

meu pai nasceu morto e
esse ano faço mais um aniversário
nada de novo
mais um ano menos um dente
sou o mesmo menino dentro de um corpo mais velho
meu pai me levou quase tudo:
minha infância, minha adolescência e
agora, aos poucos, e sem esforço algum,
vai levando o meu corpo

a cada manhã
já não sou mais o de ontem
um dos meus tantos se foi tragado
pelas malhas dos sonhos
cumpriu sua missão, ou pelo menos acha
todo o dia é a mesma coisa,
estou sempre a faltar um pedaço
barulhos não há, só movimentos,
assim, como passam as nuvens
dia após dia, o famigerado tempo me morde
vai me desfazendo cá, para
me reconstruir em algum outro lugar.
lugar este que habitarei um dia - será? -
quando, aqui, o tempo já tiver
saciado a sua fome
quando enfim, eu não mais possuir a
sensação de estar indo e sim voltando
feito flecha desprendendo-se do alvo e
voltando ao arco

casa pequena, vazia.
animais degolados,
espalhados, a tarde jazia,
lembranças aladas em bando:
e no vento que ria:

"até quando?"

cabeça no espaço, tardia.
corações congelados,
espancados, unha, carne, azia.
Nêmesis, sua tenda armando:
e no vento que ria:

"até quando?"

num canto, infância cortada, ardia.
poemas coagulados,
manchados, o vermelho luzia.
mortos da torneira pingando:
e no vento que ria:

"até quando?"

uma irmã que não chega, rangia.
relógios quebrados,
cansados, o tempo fingia.
a tristeza de esguelha, olhando:
e no vento que ria:

"até quando?"

faca cravada no passado, tremia.
sonhos rasgados,
manchados, doce sangria.
uma resposta, ainda tentando:
para o vento que ria:

"até quando?"

SALOMÃO SOUSA

Nasceu na zona rural do município de Silvânia, Goiás, em 1952, e reside em Brasília. Formou-se em Jornalismo e trabalha no Poder Executivo. Participou de festivais de poesia no México (UNAM), Peru (Casa do Poeta Peruano), Equador (UNASUL) e Colômbia. Sua poesia inicial se identifica com as origens rurais e evoluiu para uma poesia íntima do neobarroco ou de invenção. Pertence à diretoria da Associação Nacional de Escritores (ANE).

TEMOR DE VIVER SÓ NUMA FOTOGRAFIA

temor de viver só numa fotografia
articulada/crestada com artifícios
não ter passado por uma bruma
por um dorso/pelas arcadas da avenida
por onde anda a sensatez/ser arco
inflexível a atirar ao acaso
o medo de um vizinho ruidoso/cheio
de espuma das noites bêbadas
sem a tez do suor/as mãos que saúdam
que não articulem os gestos da degola
o ridículo de uma representação oficial
quando o diálogo não foi/não flui
outra vez o temor do empacotamento
dos homens todos/nas máquinas
nas casas cercadas por segurança/
apartamentos a trancas/a barras/a traves
outra vez o ridículo da interpretação
ouvir os homens anchos de si/acham que
não pode acontecer/o ridículo de pedir vez
de entrar num shopping/na universidade
outra vez o temor/outra vez o ridículo
destrinchamentos/destazados estudantes
em Iguala, Guerrero/na cadeira do dragão
e outra vez Gelman vai estar no exílio
e se alguém vai estar morto/outra vez
na forca de uma cela o novo herói

BIOGRAFIA DAS EXPERIÊNCIAS ÚTEIS

O que fazer com a experiência de existir?
De ser pequeno peixe de vala
a sobreviver entre fezes, entranhas
de galos que antes cantavam num poema
Qual a utilidade de eu estar próximo
da falésia que se ergue na abertura do rio
entre a manada de cães doentes
com cheiro de carne apodrecida?
Qual a esperança de eu não ser o próximo
a estar abandonado entre peixes secos,
madeira a se deteriorar coberta
do que escapa de saibro da areia de uma praia?
Não irei contribuir para que não se desfaleça
o punho de uma criança, para que o próximo
triturador não se enfureça sobre os grãos.
Continuo inútil para elevar o anteparo
de crescer as ramas de fava e de inhame.
Mal reconheço o que cresce na encosta.
Até a amizade está em suspenso próximo
aos que se desentendem quanto à abertura
de uma trilha por onde possamos
nos reunir para preparar a evasão

MAL ME MOVO E JÁ PREPARO A PRÓXIMA REPETIÇÃO

Mal me movo e já preparo a próxima repetição,
a exaustão de expirar o que estava vivo e conspirante.
Só pertenço ao que exigirá o meu cansaço,
só ao que me respondeu com seu grito enervado.
Os seiscentos diamantes não me enriquecem,
talvez os olhos conscientes dos homens,
das mulheres, das crianças que podem apalpar
a vertente, o curtume, e puderam repousar
sem a degradação das crenças e dos frutos.
Enriqueço-me ao atravessar a rua cheia
de virilidade, de luz, de cortesia das cores,
após a extinção das cordas da impossibilidade amarga.
Não me aprisiono no temor da liminar, no encosto
que pertence a outras costas, a gêneros
que não estiveram em meu sexo. Eu que sequer
sei as orações de remover as montanhas,
onde se deterioram as grandes aeronaves,
não me aprisiono no risco da neutralidade da pane,
num codinome, possivelmente na íris de um sol
eu transite e queira transmitir o fim dos gestos
exaustos, nominação desconhecida da luz e da lei.
Ponho-me ao ar livre e ele pode me circundar
com frescor e grito. A espada de Dâmocles
vai se enferrujar na eterna espera de minha falha.
Não sugarei antropofagicamente outro homem,
não partirei a sua porta, o seu crânio. Vai querer
uma palavra e não ficarei mudo. Vai querer
uma embarcação e não ficaremos ancorados.

SERAPHIM PIETROFORTE

Nasceu em São Paulo, capital, em 1964. É professor livre-docente da Universidade de São Paulo, atuando na pós-graduação em Semiótica e em Criação Literária; é autor de várias publicações na área acadêmica, contos, três romances, seis livros de poesia, dois roteiros para história em quadrinhos. É um dos organizadores do site Pararraios Comics; escreve crítica literária para o site Musa Rara; faz parte do Grupo Neûron de poéticas experimentais.

sumir em seus cabelos
sublime esse céu escuro
mudo diante do poente
pronto para ser texto
dínamo
arame farpado
esse céu acintoso perante o dia
vistoso véu neblina
exata para alguma lábia

todo dia a mesma tarde
nada
na hora da ladeira imensa
terça-feira no final da tarde;

hoje
na flor da idade
a mocinha parada
como se esperasse...

estátua nova, nubente
violentamente fixada
o cabelo em desalinho, virada a cara,
o braço vira asa de vaso na cintura

os pulsos nus
a perna inteira nua
o pé descalço no balé moderno

musas amiúde
ao longe posso imaginar as portas dos Jardins de Hades
oásis
título interessante para uma peça de piano

mas é claro
que eles se insinuam como paisagem
disso eu sei
basta estar diante dos quadros
do quarto
diante das dicas penduradas no teto
dispersas por aí
bem antes de eu chegar ao mundo

tão militante, tanque, trator
te espero na entrada do Museu da Revolução
em Havana, Cuba
não tiro da cabeça a mocinha descalça
desde Varadero

talvez signifique luz
aquela que carrego desde que caí e que me deixa coxo
harpia presa no viveiro
passeio com você de braços dados no jardim zoológico
não sabe como cabe tanto mato dentro do rinoceronte

TARSO DE MELO

Nasceu em Santo André, São Paulo, em 1976. É poeta e ensaísta, doutor em Filosofia do Direito pela Universidade de São Paulo. É autor dos livros de poemas *A lapso* (Alpharrabio, 1999), *Carbono* (Alpharrabio/Nankin, 2002), *Planos de fuga e outros poemas* (CosacNaify/ 7Letras, 2005), *Lugar algum* (Alpharrabio, 2007), *Exames de rotina* (Editora da Casa, 2008) e *Caderno inquieto* (Dobra, 2012), reunidos no volume Poemas 1999-2014 (Dobra, E-galáxia, 2015); *Íntimo desabrigo* (Alpharrabio, Dobradura, 2017), *Dois mil e quatrocentos quilômetros, aqui* (com Carlos Augusto Lima; Luna Parque, 2018), *Alguns rastros* (Martelo, 2018) e *Rastros* (Martelo, 2019). É organizador de obras coletivas, curador de atividades literárias em São Paulo e colaborador frequente da revista Cult.

AR LIVRE

o olho caça sem força
bromélias acácias ipês
florescem farmácias
ao longo do caminho
nas dobras do jardim
há sempre algum soldado
brotam gestos brutos
de todas as sementes
os caules já hasteiam
a flor do desespero
pássaro e aço rimam
na manhã entreaberta
as plantas consomem
o que não queremos ver
e descansam nos sulcos
de que a mão desistiu
: aparo a febre do dia
sem esperança de fruto

HOJE

Amanhã vai chover mais forte,
todos nós já sabemos.
E é estranha a calma dos rios.
Os guarda-chuvas seguem fechados,
os meteorologistas fingem não ter nada com isso,
o barro não demonstra qualquer apreensão,
o vento lambe as roupas secas no varal,
nenhuma janela ainda se fechou.
A água vai vir, forte, como sempre,
engolindo todo o sossego ao redor,
mas os buracos não confessam
as tristes poças de amanhã.
As casas, as coisas, as vidas,
o que sucumbirá ao mar inevitável
não dá sequer um suspiro,
não se despede de nós, de nada.
Plantamos no solo morto
esse esquecimento do futuro
– e tudo o que brota chamamos
hoje.

RAIZ E MINÉRIO

ainda é possível ouvir (mais fundo, mais fundo,
você encontra) o som da lama se arrastando por baixo
das portas e aos pés do sofá (o que há é o homem,
esse bicho) nos vãos da estante e no meio dos livros
nas gavetas da geladeira (que invade a terra procurando
outro homem) na altura do peito e entre os dentes
na clareira dos cabelos e na mão (o que há é o homem,
fera descontente) entre os dedos do pé e entre os dedos
da mão no jardim morto (cavando sua própria cova)
na linha da memória e na pia (mais fundo, mais fundo)
nos sulcos do azulejo (rasgando o manto da terra
para chegar a si mesmo) nas gretas e nos interstícios
(o que há é esse bicho) nos orifícios e nas grutas
do corpo (incansável, surdo de si, sem projeto) no oco
do sonho no toco das unhas (comendo os próprios pés
e o chão sob eles) invadindo os relógios e os lençóis
nas palavras (cada vala, cada veia) e entre os versos
nos parágrafos e nas ideias abandonadas (ali está, espelho)
caindo do chuveiro dura (o homem diante do homem)
e inegociável comendo o pão e o chão (o lobo e suas garras
roendo) bebendo toda a água da casa (mais fundo, mais
fundo) engasgando vozes (ali está o homem) fundindo
meus gritos aos seus ruminando (cada vez mais homem,
cada vez mais bicho) como fede como fende come
o tempo come a fuga come (homem não tem limite)
e cospe e rói (bicho não pede licença) e cospe e

VANDERLEY MENDONÇA

Nasceu em Maranguape, Ceará, em 1963. É editor dos Selo Demônio Negro e Edith, jornalista, tipógrafo e tradutor. Foi professor convidado do curso de Editoração na Escola de Comunicação e Artes da Universidade de São Paulo. É autor do livro *Iluminuras* (Patuá, 2013) e tradutor de Joan Brossa, Max Aub, Francisco Hinojosa e Ramón Gómez de La Serna.

1.

MAR DE OUTUBRO AZUL

I.

é urgente um barco
descobrir mares e rios
carregar a luz do cais
e cantar até doer

II.

se o vento não chegar,
irei ao mar buscar o vento
se me custar uma vida
a tormenta valerá a ida

III.

mar, tua voz azul
ensina os corações
compassivos
descansarem
dos caminhos.
mar, teus olhos
verdes enxergam
o que há em mim
na calma.

2.

A VIDA AVISA (Poema à maneira Beat)

Para Juliana Di Fiori

O caráter absurdo do amor é que ele só existe porque não existe. E é em alguns momentos da memória que temos a certeza absoluta da sua existência.
(Roland Barthes)

O ônibus amarelo que vai, rumo à noite do desejo
O ônibus verde que volta, nas manhãs de despedida
A rua Canuto do Val e a solidão
A av. Paulista e o verão
A rua Augusta, a Frei Caneca
O Cemitério de Automóveis: uma cerveja
A av. São João, a rua Araújo, as igrejas
A linha azul do metrô para voltar
A av. Angélica para descer de bicicleta
O destino no mapa: um traço do Ed. C ao Ed. A
Higienópolis e o Paraíso
Bruxelas e Barcelona
O Cabaret Voltaire, Apollinaire
A Casa das Rosas
A Biblioteca Mário de Andrade
Buenos Aires em janeiro
O bairro Flores
A calle Bacacay
O Sarkis, Muytra, Basterma e Jambra, na última vez
O Halin, na primeira vez
Rinconcito, a lo pobre
Ceviche ou Caldo Verde?
Chá com bolacha
Pão na chapa
Toddy com leite
Cerveja Sol com limão
Guacamole no frio de rachar
Heineken congelada
As embalagens das coisas

Futebol e Esgrima
Corinthians e Palmeiras
Francês e Catalão
A cor azul
O azul do céu que não sai em fotografias
A tinta azul que não sai dos pés
O azul dos sofás nas salas de estar
Cadeiras coloridas e mesas brancas
Augusto & Lygia
Dias Dias Dias
A tipografia, a risografia, a imprimeria
Traduzir & trovar
Beatriz et Raimbaut
As noites de São Lourenço
O mar de qualquer lugar
Into the Wild, Nit d'Estiu
Milton e Itamar
Jorge Drexler, Fito Paez
Flanders, Petit, Rubel
"Chunga"
O jornal nas manhãs de sábado
El amor después del amor

3.

O FOGO BRANCO AZUL DA ÍRIS

para Wim Mertens

o que era apenas uma música distante
—riso de crianças num parque de diversões—
se converteu em som de sirenes de ambulâncias

restou a pintura azul amarela e vermelha na parede
último sinal de vida, já ninguém olhará para ela
a morte voltou! parecia que não iria nos pegar

era o lugar da alegria, para entalhar vida, olhar
um nome antigo e o dom de alguém distante,
gotas d'água que gastam pedras lentamente

a morte voltou! calou o sorriso da moça;
um dia antes, o poeta olhou o relógio e pulou,
loreley! a canção da morte que chama por nós

VERA CASA NOVA

Nasceu no Rio de Janeiro e vive em Belo Horizonte desde 1978. É Poeta, ensaísta e pesquisadora de poéticas contemporâneas e professora da Faculdade de Letras da UFMG. Atualmente tem um programa na Rádio Educativa UFMG chamado Um toque de poesia.

EPÍGRAFE

Todos os poetas percutem em mil vozes dentro de mim
O poema insiste em ser inscrito no corpo
O tempo faz ressurgir versos mágicos.
Ternura e injúria disfarçam minha chegada
E minha partida.
No entanto os versos são inúteis
Nessa paisagem esquecida
Onde a infâmia tira seu leite das pedras.

CAMINHO

Por entre tantos caminhos
A traça percorre
As vias do livro.
Feito o buraco
Escorrega no marasmo da indolência,
Carrega a casa como o último recurso de vida.
Se deixar cair
Se perde.
Não somos assim como traças?

TRATO DE VIAJANTE

Ir e voltar para nunca mais
Refazer caminhos
E gritar
Chorar o choro do desprezo
E instalar a fatalidade
Por entre as vias e os vieses.
Chamar pelo nome de deus
De pouco adianta.
Despossuídos, mantendo a pose.
E tua pose não diz mais nada,
Nem o que tu és,
Se é que ainda és um eu.

VINÍCIUS LIMA

Nasceu em Londrina, Paraná, em 1977. É poeta, tradutor, andarilho e praticante de agroecologia. É autor dos livros *Herbarium* (2013), *Planta de pé* (2014), *Começa aqui a morada do fogo* (2016), *Animais floridos* (Anome Livros, 2016) e *O sonho da capivara* (Rubra Cantoneira, 2017).

HERÁCLITO MACHINE

(1)
curto-circuito na música que atravessa os nervos dos cervos
iluminuras gravadas nas palmas das mãos
de rimbaud
bárbaro imberbe da embainhada adaga
leia-se girassol que persegue a luz até que o pescoço
se quebre
e a carne resseque
sou um vagabundo sujo de fuligem e pés alados
sou uma tempestade perdida dentro de um missal

(2)
uma rainha vestida de trapos me olha nos olhos
e vejo o oceano que me acena
as ondas tumultuosas
e a espuma cremosa que dragou ulisses e todo passado
mitologia de flora feita de raízes e liquens
desgrenhada cabeleira apontando pro céu
clareira inundada de insetos e animais estourados de luz

(3)
a chuva lava os cascos que crescem por dentro dos cavalos
como o sol cresce dentro da terra sua ígnea ossada
como o trigo estica as unhas e amadure seus cabelos
contra as cercas farpadas
eu vi as sombras engolirem penhascos luminosos
eu vi bocas famintas devorando os degraus dos sonhos
e cabeças comprimidas por fuzis botas e tanques
encaixotadas e expostas no museu-realidade
por isso sempre abro os olhos
ao penetrar neste bosque diante de mim postado
pois é de lá que eu venho e por onde nasce o mundo

WALDO MOTTA

Nasceu em São Mateus, Espírito Santo, em 1959. É autor de *Bundo e outros poemas* (Editora da Unicamp, 1996), *Transpaixão* (Edufes, 2009) e *Terra sem mal* (Patuá, 2015), entre outros. Writer-in-residence na Künstlerhaus Villa Waldberta, Alemanha, entre 2001-2002, e na Universidade da Califórnia, Berkeley, EUA, em 2002.

MAR DE TANTO SANGUE E FEL

Mar de tanto sangue e fel,
mar amaro, mar cruel,
onde hemos de encontrar
a terra de leite e mel?

Quanto mais os ventos falam
da misteriosa terra,
tanto mais a alma errante
em procurá-la, erra.

Quanto mais perambulamos,
de léu em léu, pela terra,
atrás da terra sem mal,
tanto mais longe iremos
de nosso destino real.

PEGAÇÃO SAGRADA

Põe tua mão aqui debaixo
de minha coxa, onde Abrahão
pediu que um servo o tocasse,
em nome do Deus dos deuses,
Senhor dos Céus e da Terra,
onde o anjo do Senhor tocou
o relutante Jacob, que assim
se transformou em Israel,
que lembrou da sagrada aliança
em seu leito de morte, onde pediu
ao mais amado filho que o tocasse
no mesmo lugar sagrado e consagrado.

RUMO AO PARAÍSO

"... e uma criança os guiará."
— Isaías 11:6

Milênios e milênios de luta
pela sobrevivência entre as espécies,
fizeram-nos assim tão animais
entre os nossos iguais, filhos da puta,
traidores, escrotos e que tais.
Deixai brincar as feras todas, presas
do primitivo instinto assassino.
Deixai brincar as feras, que o menino
nos conduza nos atos e palavras.
Retornemos, agora, ao paraíso
na plena comunhão dos animais.
Jamais exista algo de mais puro
do que nós dois juntinhos, de pau duro.

O ORGANIZADOR

Djami Sezostre, criador da *Poesia Biossonora* e da *Ecoperformance*, é autor dos livros *Lágrimas & orgasmos, Águas selvagens, Dissonâncias, Moinho de flechas, Cilada, Solo de colibri, Çeiva, Pardal de rapina, Anu, Arranjos de pássaros e flores, Cachaprego, Estilhaços no lago de púrpura, Yguarani, Silvaredo, Z a zero, Eu te amo, Onze mil virgens, O menino da sua mãe, Zut, Cavalo & catarse, Salmos verdes, O pênis do Espírito Santo, Cão raiva, Óbvio oblongo, O pássaro zero, Oh Cahtahrahkwyh O som da via láctea.*

© 2022, Djami Sezostre

Todos os direitos desta edição reservados à Laranja Original Editora e Produtora Eireli.
www.laranjaoriginal.com.br

Edição
Bruna Lima
Filipe Moreau
Gabriel Mayor
Germana Zanettini
Projeto gráfico
Iris Gonçalves
Produção Executiva
Bruna Lima

Dados Internacionais de Catalogação na Publicação (CIP)
(Câmara Brasileira do Livro, SP, Brasil)

Contraste da América : antologia de poesia brasileira / organizador Djami Sezostre. -- 1. ed. -- São Paulo, SP : Editora Laranja Original, 2022.

Vários autores.
ISBN 978-65-86042-40-5

1. Poesia brasileira - Coletâneas I. Sezostre, Djami.

22-110136   CDD-B869.108

Índices para catálogo sistemático:
1. Poesia : Antologia : Literatura brasileira
B869.108
Eliete Marques da Silva - Bibliotecária - CRB-8/9380

Fonte: Book Antiqua
Papel: Pólen Bold 90 g/m²
Impressão: PSi7 / Book7